U0004591

我在慈禧身邊的兩年：清宮二年記

Two Years in the Forbidden City

裕德齡 Der Ling 著

施佳瑩 譯

目次

——前言

貼身侍者的角度，描繪中國最著名的女性

裕德齡的獨特經歷，讓她成爲寫作本書的不二人選。她的父親裕庚是漢軍正白旗人，也是他那個時代裡最先進、開明的中國官員之一。裕庚很年輕的時候就從軍，曾參與平定太平天國之亂以及中法戰爭，並於一八九五年中日甲午戰爭期間出任兵部侍郎，之後授駐日公使。一八九八年歸國之後，任職總理各國事務衙門大臣。一八九九年，他被任命爲駐法公使，使法四年。在中國政府極度保守和守舊的時期，裕庚爲改革做出不懈的努力，他對中國郵政現代化貢獻良多，但是因爲走在時代前面太遠，他在修改稅收制度以及陸、海軍現代化上的努力，終歸失敗。裕庚於一九〇五年去世。

裕庚的進步思想貫徹在他對孩子的教育上。當他女兒接受西方教育之事爲人所知時，清朝大臣竟然發起一項幾乎前所未聞的行動，企圖以媚外與反清的名義彈劾他，但他並沒有因此而退卻，他的孩子在傳教士辦的學校接受學前教育，之後在法國，女兒進入修女創辦的學校，本書作者正是在此完成學業後出社會。

返抵中國後，裕德齡成爲慈禧太后的首席御前女官，藉著這獨一無二的機會，她得以

觀察並評價長期統治中國這位傑出女性的個人特質，她在宮中任職期間的種種見聞便是這本書的主題，讓我們得以從嶄新的角度審視這位近代的非凡人物。在裕德齡休假離宮前往上海照料病危的父親期間，她與美國人薩迪厄斯．C．懷特（Thaddeus C. White）訂婚，她和宮中的這段緣份也就因此而終止了。德齡和懷特兩人於一九〇七年五月二十一日結婚。在朋友殷勤的懇求之下，德齡同意將自己的一些經歷化爲文字。這本以編年形式寫成的書，即爲這位慈禧太后的同族之人，以貼身侍者的角度，描繪這位中國最著名的女性，還有她治下的宮廷風情與氛圍。

托馬斯．F．米勒[1]

一九一一年七月二十四日於上海

1 托馬斯．米勒（Thomas Franklin Fairfax Millard，1868-1942）是美國新聞記者，也是第一位美國駐中國的政治顧問，長達十五年，被稱為是美國新聞業在中國的奠基人。

獻給

我敬愛的父親大人

裕庚

第一章 序曲

公使父親

我父親裕庚大人曾任大清駐法公使，寓居巴黎四年。一九〇三年一月二日，父親與母親還有家人，以及使館一等秘書、二等秘書、海軍和陸軍武官、各地方使館領事、他們的家人與僕人等隨從，一行共五十五人，從巴黎乘坐蒸汽船「安南號」抵達上海。我們靠岸之後的經歷並不是很愉快，大雨傾盆而下，讓眾多隨行人員登岸並得到妥善安置已經非常困難了，更不用說還得小心照看大量行李。從過往的經驗我們發現，在旅行途中，不論大小事，公使團成員或僕人全都不可靠，因此，我母親一肩扛起所有重任。在處理這些麻煩又困難的事情上，她無疑深具天分。

當蒸汽船在外灘的法租界碼頭放下登岸船板之際，我們見到了身著正式官服的上海道台（本地最高級官員）、上海縣令以及其他許多官吏。道台告訴我父親，我們停留上海期間，可以下榻於他在天后宮所準備的房宿，但父親拒絕了他的提議，他說，他從香港發過電報，已經安排好要住宿在位於法租界的密采里飯店（the Hotel des Colonies）。一八九五年，我父親奉詔赴日，在啓程的路上，我們曾在那間廟宇泊宿過，一點都不想再嘗試第二次。廟宇建築年久失修，雖然曾經有過一段美輪美奐的全盛時期，但人們卻任其老去而破敗。按照慣例，縣令在高級官員過境時，應當提供住所與食物等，高官也鮮少拒絕他們的好意，但父親總是自有主張，婉拒一切協助。

最後，我們總算安全地到達了密采里飯店，在那兒我父親發現兩封從宮裡發來的電報正等著他，這些電報命令我父親即刻前往北京。由於通往天津的河道結冰，我們完全無法走河路，唯一可行的途徑是走海路通過秦皇島，但我們同樣不可能走這條路線，因爲父親當時又老又病，事實上，那段時間他一直在接受醫生的照料，這一段漫漫長路，遠遠超出他體力所能負荷。在考量過種種困難之後，他拍了一封回電說道，待北河（即海河）融冰之後，我們就會從上海乘坐第一艘蒸汽船前往天津。

請聖安儀式

我們於二月二十二日離開上海，在二十六日到達天津。與我們抵達上海的時候一樣，我們見到了該港口海關的道台及許多其他各級官吏。

當時所有高官返國時，都必須執行一種非常特別的禮節儀式，在中國港口一靠岸登陸，就要馬上由就近的總督或督撫布置安排「請聖安」，道台的品級太低，是無此殊榮作此安排的。我們一抵達天津時，當時駐天津的直隸總督袁世凱，立刻差遣了一名官吏與父親接洽，爲典禮做準備。這是一場極盡鋪張華麗的典禮。布置妥當之後，我父親和袁世凱都穿著全套正式的朝服，長袍外披著紅黑色補服，頸戴琥珀朝珠，頭上則戴著飾有孔雀花翎與珊瑚頂戴的朝冠，一同進發前往萬壽宮。萬壽宮是專門爲這類儀式而建造的，他們到達時，已經有許多層級較低的官吏在那兒等候了。在這座寺廟或者說是宮殿的後進中央有張狹長的桌子，上面放著皇上與慈禧太后的長生牌位，寫著「萬歲萬歲萬萬歲」。總督袁世凱與其他官吏先入內，袁站在桌子左側，其他人則從桌子前緣兩端開始，排爲兩列直線。不久之後，我父親也進來了，他跪在桌子正前方的中央，高呼「跪請聖安」。儀式結束之後，父親旋即起身，請問聖躬安康否，袁世凱答道聖躬安，便結束了典禮。

我們在天津逗留了三天，於二十九日抵達北京。我父親的病情愈加沉重，他懇求四個月的病假以資休養，慈禧太后批准了他的請求。我們在北京曾有一棟美麗的豪宅，那是在前往巴黎之前不久裝修好的，但卻在一九〇〇年義和團之變期間被燒毀，損失超過十萬兩銀子，所以我們租下並搬進一棟中式屋邸。

那棟曾有的豪宅並不是新蓋的，當年我們買下來的時候，那兒峨然矗立著一座非常精緻的中式老宅，原來是一位爵爺的府邸，經過一些巧妙的裝修與改建之後，老屋轉而變成一座具有西洋風格的美麗豪宅，並保有原本鑲嵌著的精美木雕。我說是「西洋風格」，其實是讓中式屋宇看起來像西式宅邸，而不是拆掉加以重建。我們改造了這棟房子，門窗、走廊、家具等都是西洋式樣的，但房屋結構本身和庭院布置則仍是中國式的。如同北京所有的傳統老宅一樣，我們的屋邸建造得錯落有致，帶有數個花園，佔地大約十英畝。完成裝修之後，我們才住進去四天，就前往巴黎了，儘管耗時耗費甚鉅，我們還是失去了這棟豪宅，這讓我的家人一直不勝悲傷與惋惜，但身為中國的高級官吏，這只是眾多必須承受的磨難之一。

如前所述，北京的房屋往往建造得錯落有致，並且占地廣大，而我們以前的宅子也不例外，它由十六間一層樓高的房屋組成，約有一百七十五個房間，全都面向庭院圍成一個四邊形，如此格局，使我們無需邁出大門，就可以沿著前緣用玻璃窗圍起來的走廊，從一間房屋走到另一間房屋。讀者們會猜想，這麼多房間能夠拿來做甚麼？我們是一個大家庭，還有著眾多幕僚、文書、信差、僕人、馬夫和轎夫，要充分運用它們並不困難。

圍繞著房屋的是一個中式花園，園中有小湖，湖裡養著金魚，並種著美麗的蓮花，湖上還跨越著一座小橋，沿岸則布滿垂柳。許多小徑蜿蜒於湖與湖之間，小徑旁的花圃則栽種著不同品種的花卉，排列得十分雅致。一八九九年六月，當我們前往巴黎之時，花園裡花團錦簇、百葉爭榮，看到的人都讚嘆不已。

由於我們現在在北京沒有自己的住所，我們不知道該住哪兒，因此，在我們來到天津時，父親給一個朋友打了電報，請他幫忙找房子。經過一番小小的折騰之後，我們的棲身之所終於確定，結果竟然是一個非常著名的地方，就是義和團之變之後，李鴻章與外國勢力簽訂條約的宅邸，他也是在這裡去世的。自從李鴻章逝世以來，我們是第一個居住在那裡的人，因爲中國人非常迷信，他們擔心，如果住在那兒，會有可怕的靈異事件發生，所有的好朋友也勸我們，如果我們膽敢承租這間房子，同樣的事也會降臨在我們身上。但是我們很快就安頓下來了，當我們住在那兒時，沒有遭遇任何恐怖的事情，然而，有鑑於我們房子曾爲大火呑蝕的不幸遭遇，我認爲他們的恐懼並非無由來的。

老宅燒毀而蒙受的損失我們再也無法彌補，因爲我父親是一名政府官員，他若試圖塡補這項金錢損失是不智之舉，除此之外還有可能影響他的社會名望，因爲人們認爲政府官員在爲國效力之時，應當把自身或家人置諸腦後，在職期間的任何私人損失，他也都應該有所承擔而不抱怨。

太后召見

一九〇三年三月一日，慶親王奕劻和其貝子載振拜訪我們，說太后要立刻召見我的母親、妹妹和我，我們必須第二天早上六點鐘就抵達頤和園的萬壽山。母親告訴慶親王，我們在國外的這些年來一直穿著洋服，是故沒有合適的旗袍能穿去見太后，他回道，他已經跟太后介紹過我們，也提到我們穿的是歐式裝束，太后說我們不必穿旗袍進宮，她很樂意看到我們穿洋服覲見，因爲這讓她有機會研究外國人是怎樣穿衣打扮的。妹妹和我都很難決定這個場合應該穿哪件衣服，她希望穿淡藍色的天鵝絨禮服，因爲她認爲這個顏色最適合她。從我們還是小女孩的時候，母親就一直把我們打扮得一模一樣，但我說我更想穿紅色天鵝絨禮服，因爲我認爲這樣也許能取悅太后。經過長時間的討論之後，我的意見勝出。我們戴上可愛的紅色帽子，帽緣裝飾著羽毛，搭配同色的鞋子與長筒襪。母親則穿上一件美麗的海綠色雪紡長禮服，其上繡有淡紫紅色鳶尾花，以紫紅色天鵝絨鑲邊，並戴著飾有白色長羽毛的黑色天鵝絨大帽。

當我們住在市中心地區時，唯一的代步工具是轎子，而從我們家到頤和園的距離大約是三十六華里，相當於三小時的車程（一華里約等於三分之一英里或二分之一公里），所以我們必須三點鐘出發，才能早上六點鐘到達。慶親王傳達的訊息使我們激動萬分，因爲這是我們第一次進宮，所以我們當然希望展現最好的一面並準時到達。我一生的夢想就是去看看皇宮的模樣，然而，因爲我生命中大部分時間都不在北京——實際上是不在中國，我一直沒有機會實現夢想。另一個原因則是我父親從未把妹妹跟我的名字載入官方的滿族兒童名冊中，以至於慈禧太后在我們從巴黎回來之後，才知道裕庚有女兒。父親告訴我，他之所以沒有登錄我們的名字，是因爲他希望盡可能提供給我們最好的教育，唯一的辦法就是不要讓太后知道我們的存在，否則的話，根據滿族慣例，二品以上官員的女兒，在年滿十四歲之後都應當進宮，以便皇帝選妃，慈禧太后當初就是以這種方式被咸豐皇帝選中，但我父親不希望我們名列其中，他對我們還有更多的計畫與期望。

當天淩晨三點，天色一片漆黑，我們各自乘著一頂四人小轎出發，轎子一角由一個轎夫扛起，要走這麼長的距離，必須有兩班轎夫接力，這意味著三頂轎子要配備二十四名轎夫，這還不算每頂轎子前方有一個額外的領頭轎夫。除此之外，還有三名騎著馬的軍官，每一名分別護衛一頂轎子，每頂轎子後面還跟著兩名同樣騎著馬的僕人。另外，轎子後面還跟著三輛大篷車供轎夫進去休息。這樣就形成了由四十五個人、九匹馬和三輛篷車組成的隊伍。

坐在轎子當中，我被完全的黑暗包圍，感到異常緊張。萬籟俱寂，只有轎夫嘶啞的來回呼喊，他們彼此提醒注意崎嶇道路上的石頭和窟窿，加之以馬群沉重的腳步聲。對於從未有過長距離乘轎經驗的讀者，我要說的是，這是最不舒服的交通工具，因爲乘客必須完全靜止不動地坐直，否則轎子可能會傾覆。這一趟路途十分遙遠，當我到達宮殿大門時，我已經感到非常僵硬和疲倦了。

第二章 進宮

要去皇宮當皇后了

行至大約我家到頤和園之間一半的路途時，我們抵達了城門口，此時城門已經大開，這讓我們非常驚訝，因爲所有大門在晚上七點時就會關閉，除非是特殊情況，否則直至天亮才會開門。我們詢問衛兵爲何如此，原來他們已接到命令打開大門供我們通過。負責的官員身穿全套正式官服，站成兩列，並在我們經過時向我們行禮。

當我們穿過城門時，夜色仍然十分晦暗，我想到了我短暫人生的許多經歷，但迄今爲止，沒有任何一件事比起眼前更加不可思議。我好奇太后長得怎樣，她是否會喜歡我。有人告訴我們，也許我們會被要求留在宮中，若眞是如此，我也許有機會影響太后支持改革，從而爲中國貢獻一己之力。想到這裡，我高興了起來，我下定決心，在那裡我將竭盡所能，發揮未來可能的影響力，來促進中國的發展與富強。當我正在夢想這些美好的前景時，一道微微的紅光從地平線上升起，彷彿預告今天將是最晴朗的一天，事實證明的確如此。隨著天色變得越加明亮，能夠讓我辨識物體時，一幅非常漂亮的景象逐漸展開於眼前。當我們靠近宮殿時，我可以看到一堵高高的紅牆，起伏於山丘之間，包圍了整個宮殿，圍牆和宮殿的頂部覆蓋著黃色和青色的琉璃瓦，在晴朗陽光下構成最耀眼的圖案。一路上我們經過了大大小小各種風格的塔，當我們到達海淀村時，距離宮殿大門只有四華里，本地的官吏告訴我們再走一小段路就到了。這是個好消息，因爲我開始懷疑我們是否永遠到不了。這個村莊是一個美麗的鄉下地方，有許多磚砌的平房，與中國北方的大多數房屋一樣，它們都十分整齊乾淨。孩子們跑出來群聚在一起看隊伍經過，我聽到一個孩子對另一個孩子說道：「那些女人要去皇宮當皇后了。」眞把我逗得樂不可支。

離開海淀不久，我們來到了一座牌樓，這是一個非常漂亮的中國傳統建築，雕刻精美絕倫，從這裡我們終於看到宮門，大約在一百碼以外的距離。這些宮門嵌進環繞宮殿的堅固牆面，中央爲一個巨大的正門，兩側則各爲一個小門，中央大門僅在太后從宮殿進出時才打開，我們的轎子停在敞開的左門之前。在這些大門之外，相距約五百碼距離的地方，是兩棟有侍衛値宿的屋子。

就在我們到達時，我看到許多官吏興奮地交談著，其中一些人走進宮門大喊「來啦，到啦。」當從轎子上下來時，我們遇到了兩位頭戴水晶頂珠和翎羽的四品太監，太監佩戴的翎羽來自在四川省發現的一種叫做馬雉[1]的鳥，羽色原先是灰的，現在染成黑的，寬度則

1 譯註：原文作「horse-fowl」。

比孔雀羽毛大得多。這兩位太監領著十個帶著黃色絲綢布簾的小太監，在我們下轎時就把布簾掛在轎子上。顯然太后已經下令將這些黃絲簾賞賜給我們，這被認爲是極大的榮耀。絲簾長十英尺，高二十英尺，由兩位太監抓在手中。

這兩位品第很高的太監非常有禮貌，站在宮門兩側邀請我們進入。穿過這扇門，我們來到了一座非常大的院子，大約有三百平方英呎，地面鋪磚，裡面有很多小花圃和老松樹，松樹上掛吊著許多鳥籠，裡頭養著各種各樣的鳥。在我們進入的大門對面是一堵紅磚砌成的牆，其上有著一模一樣的三扇大門，左右兩側是一長排低矮的建築物，每一棟均有十二個房間，作爲接待室用。院子裡到處穿梭身著不同等級官服的人，他們看起來很忙，但其實甚麼事也沒作，頗有中國人的風格，當看到我們時，他們就站定直愣愣地瞧著我們。帶路的兩名太監把我們引到其中一個房間，這個房間大約有二十平方英呎，布以黑色木製家具，上面鋪著紅色坐墊，三面窗戶則懸掛著絲綢窗簾。我們在這個房間才不到五分鐘的時間，一位穿著華麗的太監來了，他說道：「太后諭旨，請裕太太和小姐們到東側宮裡候見。」當他說話的時候，與我們在一起的兩位太監跪下來回答：「喳。」（「是」的意思）太后旨令即爲聖旨，當太后傳達旨意時，所有人都必須跪下，如同太后親臨一般。太監接著要我們跟著他們走，我們穿過另一個左門到達另外一個庭院，格局與前一個庭院完全相同，唯一不同的是有一個「仁壽殿」（朝殿）位於北側，其他建築物也稍大一些。

太監引導我們進入東側建築，屋內裝置以略帶紅色的黑木雕刻品，細膩精緻，椅桌覆蓋著藍色綢緞，牆壁上也懸掛著相同材質的織品。在房間的不同位置擺放著十四個大小各異的時鐘，我知道數目，因爲我數過了。

竟有如此無知之人

過了一會兒，兩個婢女來接待我們，說太后正在穿衣服，要我們稍等一會兒，這一會兒實際上超過兩個半小時，但這在中國不算甚麼，所以我們並未失去耐心。太監不時前來遞送牛奶，還有二十道甚至更多的各式菜餚，這些都是太后所賜。她還給我們各送了一只金戒指，中央鑲有一顆大珍珠。後來，穿著正式的總管太監李連英進來了，他位階二品，頂戴上有紅色頂珠和孔雀花翎，他也是唯一准許戴孔雀花翎的太監。他長得又老又醜，臉上滿是皺紋，但舉止優雅，他說太后不久之後就會召見我們，並帶給我們每人一只太后餽贈的玉戒指。我們都非常驚喜，她在見到我們之前就送了這麼美麗的禮物，她的慷慨使我們對她升起一股莫大的好感。

李連英走後不久，有兩位宮女進來了，她們是慶親王的女兒，問接待的太監我們是否會說中國話，我們覺得這眞是天大的笑話。我搶先開口告訴她們，雖然我們能說好幾種外語，我們當然會說自己的母語，她們極為驚訝地說道：「哦！太有趣了，她們的中國話說得跟我們一樣好。」但現在卻輪到我們感到驚訝了，在皇宮裡竟有如此無知之人，我們於是得出結論，她們獲取知識的機會非常有限。接著她們告知，太后正在等著召見我們，我們於是立即動身。

穿過三個與先前極為相似的庭院之後，我們來到了一座宏偉的建築，其上有著不計其數的精緻雕刻，用水牛角製成的大燈籠吊掛在走廊上，燈籠覆蓋著紅色絲綢，絲綢上懸掛著紅色的絲質穗子，每一串穗子下都垂吊著一塊美麗的玉石。有兩間較小的屋子位於這棟大建築的側翼，同樣有琳琅滿目的雕刻，也懸掛燈籠。

老祖宗與萬歲爺

在大建築物的門口，我們遇到一位女士，衣著與慶親王的女兒一樣，但頭飾中央有隻鳳凰，這把她與其他人區別開來。這位女士出來迎接我們，面帶微笑，並以外國禮儀的方式與我們握手，後來我們得知，這是皇后，是光緒皇帝的妻子。她說：「太后讓我來迎接你們。」她非常親切有禮，儀態優雅，但不是很漂亮。隨後，我們聽到殿上傳出響亮的聲音說道：「讓她們現在就進來吧。」我們立即進入大殿，看到一位老太太穿著漂亮的黃色綢緞長袍，繡有粉色牡丹，頭上兩邊戴著相同的髮飾，髮飾上的花都由珍珠和玉製成，左側垂下珍珠穗子，中央則有一隻美麗的鳳凰，是由最純淨無瑕的玉所製成的。她在長袍外穿著披肩，這是我見過的最華美、最昂貴的東西。這件披肩是用大約三千五百顆像金絲雀蛋一樣大小的珍珠縫製而成的，每一顆的顏色都幾近相同，而且完美圓潤。披肩編織成魚網形狀，邊上鑲以玉製瓔珞，並以兩個純玉衣鈕扣起。太后除了戴著兩對珍珠手鍊，一對玉鐲，幾個玉戒指外，在右手的中指和小指上還戴著約三英寸長的金護指，左手則戴著兩個玉護指，長度大約相同。她的鞋子下緣飾有珍珠製成的小流蘇，並繡有色彩各異的小玉石。

太后見到我們時站了起來，並與我們握手，她的笑容十分迷人，對於我們如此了解宮廷禮節，她十分詫異。在打過招呼之後，她對我母親說：「裕太太，你把女兒教得這麼好，真是令人欽佩。我知道她們在國外已經很多年了，儘管如此，她們中國話說得和我一樣好，而且，她們的舉止怎麼如此得體？」「她們的父親平日管教甚嚴，」母親回答道：「他讓她們從小就講中國話讀中國書，而且要求她們必須認真學習。」太后說：「我很高興聽到她們的父親這麼用心，給了她們如此良好的教育。」她握住我的手，看著我的臉，笑著親吻我兩邊臉頰，然後對母親說：「我想讓你的女兒進宮，希望她們能來陪伴我。」

我們對此感到非常高興，叩謝她的仁慈厚愛。太后詢問了有關我們從巴黎帶回的禮服的各種問題，並要我們一直穿著，因爲她很少有機會在宮裡見到這樣的服裝，她對我們的路易十五式高跟鞋特別感興趣。當我們與她交談時，我們看到一位紳士站在距離不遠的地方，過了一會兒，她說：「讓我給你們介紹皇帝，但你們必須叫他萬歲爺，並稱我爲老祖宗。」

皇上害羞地與我們握手。他身高大約五英尺七英寸，雖然很瘦，但面容堅毅，鼻樑和前額皆高聳隆起，黑色眼珠大而明亮，緊抿著嘴，皮膚非常白皙，連牙齒也是如此，整體而言長得很好看。我注意到他的神情憂鬱，儘管當我們在場時他始終面帶微笑。就在這個時候，總管太監來了，跪在大理石地板上，宣布太后的鑾轎已經準備好了。她要我們和她一起去朝殿，走路大約兩分鐘的距離，她將在那裡接見各部大臣。這天天氣眞好，她的轎子正在外頭等著，這頂轎子是由八位穿著正式長袍的太監所扛，這樣的場面眞是前所未見。總管太監走在她的左側，第二位太監則走在她的右側，兩人都穩固地持著轎桿。四位五品太監在前，十二位六品太監在後，每位太監手裡都拿著東西，例如太后的衣服、鞋子、手帕、梳子、刷具、粉盒、大小不同的眼鏡、香水、別針、黑色和紅色墨水、黃紙、香煙、水煙壺，最後一個則拿著由黃色緞子覆蓋的凳子。除此之外，還有兩個阿媽（年老的婢女）和四個年輕的婢女，她們都拿著東西。這是我見過最有趣的隊伍了，它像是一個會走路的女士梳化間。皇上走在太后的右邊，皇后走在左邊，宮女們也一樣。

朝殿長約二百英尺，寬約一百五十英尺，左側是一張鋪著黃色緞子的長桌。太后從轎子上下來後，進入大廳，坐上桌子後面的寶座，皇上則坐在她左側一張較小的椅子，大臣們都面對桌子跪在她面前。

大殿的後面是一個長約二十英尺，寬約十八英尺的大壇，由一座高約二英尺、雕刻精美的欄杆所圍繞，僅在前方兩處有足以容納一人通過的開口，步上六個台階後即可登壇。壇的後方是一個小屏風，緊靠於小屏風之前、位於正中央的則是太后的寶座。緊鄰著小屏風後面的是一座巨大的木雕屏風，這是我見過最美麗的物品，長二十英尺，高十英尺。太后的寶座之前是一張狹長的桌子，左側一張較小的座椅則是皇上的御座。

壇上的雕刻和裝飾多是用紫檀木精雕而成的鳳凰和牡丹，實際上整個大殿雕飾的主題都是相同的。太后寶座的兩旁是兩把大扇，立桿是紫檀木製的，頂部爲扇形的孔雀羽毛，坐墊表布則全由中國黃絲絨製成。

就在太后登上她的寶座之前，她命令我們與皇后和宮女一起進入這扇屏風之後，我們遵命而行，這樣可以很清楚地聽到太后與各部大臣之間的對話。之後，正如我的讀者接下來會看到的那樣，我將充分運用這個地利之便。

第三章　宮廷表演

喝水學會的嗎？

這一天對我來說是眼花撩亂目不暇給的一天。宮女們的成長過程與外界生活及社會規範完全隔絕，因此，對這些自成天地的宮女來說，我極爲新奇，因而迅速地被連番砲火般的問題所轟炸。我很快就發現，這些女人與世界各地其他女人一樣，富有好奇心而且熱愛八卦。

慶親王的四女兒，人稱四格格，是一位年輕的寡婦，也是一個容貌出眾的女人，她前來跟我說話：「你是在歐洲長大受教育的嗎？」她問道：「有人告訴我，當人們到了那個國家，喝那裡的水時，他們很快就會忘了自己的國家。你眞的是透過學習而掌握那裡所有的語言嗎？還是喝了水讓你學會的呢？」我提到在巴黎我遇見了她的哥哥載振，當時他正前往倫敦參加愛德華國王（King Edward）加冕典禮，而且我們本來也能去的，因爲父親收到了邀請，然而父親在巴黎有一個緊急任務，他得解決雲南問題，所以我們就沒辦法去了。四格格回覆：「英格蘭有國王嗎？我以爲我們的太后是世界女王。」她的姐姐是皇后的弟媳，最是聰慧嫻靜而氣質高雅，站著微笑傾聽她熱烈的發問。在她問了許多問題之後，皇后終於說道：「你眞是無知。我知道每個國家都有它的統治者，有些國家則是共和政體，美國就是一個對我們非常友好的共和國，但可惜去那兒的人都是些粗鄙的平民百姓，他們會以爲我們中國人都是一樣的。我希望看到優秀的滿人前去，讓他們了解我們的眞實面貌。」之後，她告訴我，她一直在閱讀一本講述不同國家歷史的書，是從外文譯成中文的。她看起來似乎見多識廣。

退朝後，太后叫我們從屏風後面出去，要我們和她一起去戲樓觀戲。她說，今天天氣很好，她想走一走，於是我們就出發了，按照慣例我們走在她身後一點兒。一路上，她不時指出自己最喜歡的地方和事物，由於她一直轉過頭來跟我們說話，索性叫我們和她一起並肩散步。我後來發現，這對她來說是紆尊降貴，她很少這麼做。跟其他人一樣，她有寵物和休閒活動，她會種花蒔草、養狗、養馬等等，其中有一隻狗是她特別喜愛的寵物，這隻狗總是跟太后在一起，無論走到哪裡都跟著她。我從未見過比牠更不起眼的狗，完全沒有值得強調的特點，但太后認爲牠很美，稱其爲「水獺」。

離開朝殿不久，我們來到了一個大院子，在這個庭院的每一側都有兩個高十五英尺的巨大籃子，這些籃子是用天然原木造的，滿覆著紫藤，眞是太漂亮了，是太后最喜歡的其中一樣東西。當紫藤花盛開時，她總是非常驕傲，很高興地向人們展示這些花朵。

我們從這個庭院進入了一條通道，該通道沿著一個大山丘的側面延伸而去，直接通往戲樓，所以我們很快就到那兒了。這個戲樓完全超越一般人的想像，它圍繞戶外庭院的四個側面而建，每一面都是獨立而不相屬的。戲台建築共有五層，最前面一層是完全向外開放的，並有兩個舞台，一個舞台位於另一個舞台上方，最上面三層則是用來吊住布景和存放物品的。一樓是一般的舞台，但是二樓的舞台蓋成寺廟的樣子，在表演宗教主題的戲劇時會用到，太后非常愛看這類戲碼。

舞台兩側爲低矮狹長的建築物，偌大的長廊與建物長度相同，收到太后邀請的王公大臣就坐在那兒觀賞演出。在這個舞台的正對面是一幢寬敞的建築，其中有三個大房間，供太后專用，地板抬高到離地面約十英尺的高度，使它與舞台齊平，前方有一個巨大的玻璃窗，可以在夏天將其拆除，用淡藍色的紗網代替。其中兩個房間用作起居室，位於右邊的第三個房間，她用作臥室，有一個長椅橫臥在前，在那兒，她或坐或躺，全憑心情而定。那天她邀請我們和她一起去這個房間，後來我得知，她經常來這裡，看一會兒戲之後午睡。她肯定可以安然入睡，因爲她完全不會被嘈雜的聲音所打擾。如果我的讀者曾經去過中國的戲園看戲，他們就能想像，在這樣極度喧囂的所在，向睡神求愛會有多麼困難。

我們一進入這間臥室，表演就開始了。這是一齣宗教戲碼，被稱爲「蟠桃會」，講的是西王母宴請神仙品嘗上等的蟠桃，並暢飲最好的美酒。這場盛宴是在每年農曆三月三日舉行的。

表演開始，一名神仙身著黃色長袍，左肩披著紅色圍巾，從天而降，邀請所有神仙參加聚會。見著這一幕，我實在太驚訝了，因爲這個演員看似懸浮在空中，實際上輕盈地移動於由棉花製成的雲層上。這齣戲最有趣的就是利用巧妙的方式移動布景等道具。在演出結束之前，我就得出了一個結論，任何戲園老闆都可以從這些人身上學到東西，所有巧妙的機關都毋須靠任何機械就能完成。

當這位神仙降臨時，一座大佛塔開始從舞台中央緩緩升起，佛塔中央有一位菩薩手捧著香爐於胸前，正在唱誦，接著，另外四個較小的佛塔也從舞台的四個角落冉冉升起。和第一個佛塔相同，每個佛塔中都有一位菩薩。當第一位神仙降臨，五位菩薩從佛塔中出來之後，佛塔立即消失了，菩薩在舞台上緩緩步行，並且仍然在唱誦。漸漸地，越來越多菩薩從舞台側邊走出來唱誦，直到舞台上站滿菩薩、全部圍成一圈爲止。接著我看到一朵由粉紅色絲綢製成的大蓮花，從舞台的底部露出兩片大綠葉。隨著蓮花升起，花瓣和蓮葉逐漸張開，我看到觀世音菩薩身穿白色綢衣，戴著白色頭巾，站在這朵花的中央。當葉子張開的時候，我還看見兩個童男童女分別站在葉子中央，這對金童玉女是觀世音菩薩的兩個侍從。當蓮花的花瓣完全綻放時，觀世音菩薩開始徐徐升起，同時花瓣也開始閉合，直到她看似站在蓮花的花苞上。站在菩薩右邊葉子上的童女拿著玉淨瓶與楊柳枝，傳說如果觀世音菩薩將楊柳枝浸入玉淨瓶中，以楊柳枝將瓶中水灑落在一個已逝之人身上，人將死而復生。

最後，這三位從蓮花和蓮葉中走出，加入其他菩薩。接著，西王母來了，這是一位有著雪白頭髮的慈祥老婦人，從頭到腳都穿著帝王的黃袍，跟著許多侍從，登上了舞台中央的寶座，她說：「我們將前往宴會會場。」第一幕於此結束。

第二幕開始時，只見西王母設宴的餐桌上堆滿了蟠桃和美酒，還有四名侍者守衛著這些食物。突然，一隻蜜蜂飛至，在侍者的鼻孔下撒了些粉末，使他們昏昏欲睡，當他們睡著時，這隻蜜蜂就變身為美猴王孫悟空，孫悟空吃遍所有的蟠桃，喝光所有的美酒，一吃完他就立刻消失不見了。

此時，一連串的小號聲宣布西王母降臨，很快地，她就在所有神仙及侍從陪同下到達。當西王母看到全部蟠桃和美酒都消失之時，她叫醒侍者，問他們為什麼睡著了，蟠桃和美酒又去了哪裡，他們說不知道，他們在等她到來的時候睡著了。一位客人建議她應該找出這場宴席發生了甚麼事，於是侍者就被派去天門崗哨詢問守將，最近是否有人從大門離開。侍者尚未返回，天庭的守將就來了，他們告知西王母，有一隻喝得爛醉的猴子，手裡拿著一根大棍子，剛走出天門。西王母一聽，就命令天兵和幾尊神佛去找他。孫悟空原先似乎是從石頭裡蹦出來的，住在凡間一座大山的山洞裡，他有超凡的本領，能夠騰雲駕霧，他被准許來到天庭，由西王母給他一個職位，讓他照顧天庭的果園。

當他們到達他在凡間的住所時，發現他已經帶走一些蟠桃，並且和其他猴子一起享受了一場盛宴。天兵下戰帖，要他出來決鬥，他立刻迎戰，但天兵對他毫無招架之力。他把毫毛從身上扯下來，將每根毛都變成一隻隻的小孫悟空，每隻小孫悟空手裡都拿著一根鐵棍。他本人則有一條特殊的金箍棒，是海龍王送給他的，這支金箍棒可以任意變換大小，小到一根繡花針，大到一根鐵柱。

在與天兵同行的神仙中，有一尊名叫二郎神，他有三隻眼睛，是這些神仙當中法力最爲強大的。二郎神有一隻非常厲害的狗，他叫狗去咬這孫悟空，狗果然咬住了他，這隻猴孫於是敗下陣來，神仙們便抓住他，把他帶到天庭。當他們抵達時，西王母下令將他交給一位年長的道教仙尊太上老君，用香爐將之燒死。香爐很大，當他們把孫悟空交給老君時，老君親自把他放進香爐，非常仔細地盯著，嚴防他脫逃。在看守很長一段時間之後，他認爲孫悟空一定活不了，於是離開幾分鐘。然而，這孫悟空並沒有死，老君一離開他就脫逃了，還偷走一些老君放在葫蘆裡的金丹，這才回到山上的洞裡。這些丹藥有極大的力量，如果吃了其中的一粒，將能長生不老，孫悟空明白這一點，他吃了一顆，相當美味，就給其他的小猴子一些。老君回來後，發現猴子和藥丸都沒了，便前去稟報西王母，這樣就結束了第二幕。

第三幕開場，神仙和天兵出現在山上孫悟空的住處，他們再次要求他出來戰鬥。孫悟空說：「什麼！又來了？」並嘲笑他們，於是他們又開始新一輪的戰鬥，但是孫悟空如此強大，以至於他們無法發揮最好的水準，即使是上次咬過他的狗這次也無能爲力。他們最終放棄捉拿，撤回天庭，告訴西王母，他們還是無法將他捉拿歸案，因爲他太厲害了。接著，西王母召來一名年約十五歲左右的小神哪吒，他的法力高強，西王母要他下到凡間前往孫悟空的住所，看看他是否能解決這隻猴子。這位神仙是由蓮花和蓮葉塑造而成的，亦即他的骨是由花所製成的，他的肉則是由葉所揉成的，他可以將自己化身成任何他想要的東西。

當哪吒到達孫悟空的所在之處，孫悟空看見他就說：「什麼！派你這個小童來和我戰鬥？好吧，如果你認爲可以打敗我，那就來吧。」此時男孩就把自己變身爲一個三頭六臂的巨人，孫悟空見狀，也將自己變成一樣的龐然大物。小神眼見這一招行不通時，就將自己變身爲一個大巨人捉拿孫悟空，但是孫悟空卻將自己變化成一隻很大的劍，將這個人切成兩半。小神又將自己幻化爲一團火企圖燒掉孫悟空，但孫悟空卻把自己變成水，把火給撲滅了。小神再次變身，這次變成一隻非常兇猛的獅子，但是孫悟空竟變身成一個大網來捕捉獅子。這位小神眼見無法戰勝孫悟空，就退兵回到天庭，並告訴西王母，這隻猴猻實在是太強大了。

西王母感到絕望，於是她請到無所不能的如來佛祖還有觀世音菩薩，一同前去看看是否能收拾他。當他們到達山洞時，孫悟空出來了，他見了如來佛祖，沉默不語，因爲他知道這位神尊是誰。神尊將手指指向他，他就下跪屈服了，如來說：「跟我來。」他把猴子鎮壓於一座山下，告訴他他必須待在那裡，直到他保證自己會改過向善。如來說：「你待在這裡，直到有一天我將這座山抬起來，放你出來，讓你和一位師父一同前往西天取經。旅途中你將會承受巨大的痛苦，遇到許多危難，但是如果你帶著這位師父和經書回來，屆時你的野性將消失，你就能位列仙班，從此永享幸福快樂。」

一百五十種食物

這齣戲就這樣結束了，非常有趣，從頭到尾我都很喜歡，表演巧妙生動，而且令我感到驚訝的是，太監的表演怎麼能如此出色。太后告訴我們，布景都是太監所繪的，該怎麼做都是太后教導他們的。與中國大多數戲樓不同，這個戲樓是有布幕的，在兩幕戲轉換時會將之拉下，還有可以左右拉動的景片與上下升降的背板。太后從未看過外國劇院，我不明白她從哪裡得到這所有的想法。她十分喜歡閱讀宗教書籍和神話故事，將它們寫成戲劇並親自上演，她爲自己的成就極爲自豪。

太后坐著說話，我們站著，過了一段時間，她問我是否看得懂這齣戲，我告訴她我看懂了，她似乎挺高興的，然後她以親切的口吻說道：「哦！跟你聊天很有趣，以至於我忘了吩咐午餐。你餓了嗎？在國外吃得到中餐嗎？想家嗎？如果離開我的國家這麼久，我知道我會想家的，但是你出國時間這麼長並不是你的錯，是我下令將裕庚派往巴黎的。但我一點都不後悔，你看你現在能爲我提供多少幫助，我爲你感到驕傲。我會把你帶去給洋人看看，讓他們知道我們滿族女子除了母語之外也會說其他語言。」在她說話的時候，我注意到太監正在爲三張大桌子鋪上漂亮的白色桌布，我還看到其他許多太監站在院子裡拿著一盒一盒的食物。這些盒子或托盤由漆成黃色的木頭製成，並且大到足夠容納四小碗和兩大碗的食物。桌子擺好後，外面的太監自動形成兩行隊伍，從這個院子排到通往另一個院子的小門，一個個地傳遞這些托盤，直到房間門口，在那兒有四個穿著華麗的太監拿著這些托盤，將它們放在桌子上。

太后的習慣似乎是她人在哪裡就在哪裡吃飯，因此沒有甚麼地方是特別用作飯廳的。我還應該提及的是，這些碗是帝王的明黃色，上面有銀色的蓋子。有些裝飾著綠色的龍，有些則寫著「壽」字。

我數了一下，大約有一百五十種各色食物，它們擺放成幾條長排，一排放的是大碗，一排是小盤子，另一排則是小碗，依此類推。正在擺放餐桌的時候，兩名宮女走進臥房，每位女士都拿著一個黃色的盒子，我很驚訝看到宮女從事這種工作，我問自己，如果進來這裡，我是否必須做這些事情？儘管這些盒子看上去很沉重，她們卻非常優雅地拿進來。在太后前面擺放了兩張小桌子，她們打開盒子，拿出許多非常可愛的盤子，裡面裝有各種甜食、糖蓮子、西瓜子、以不同方式烹調的核仁、以及切片水果，在將這些盤子放在桌子上時，太后說比起吃肉她更喜歡這些精緻小點。她給了我們一些，還要我們把這裡當自己家一樣。我們叩謝聖恩之後，開心地享用起這些點心。我注意到她從不同的盤子裡都拿了很多，想知道她怎麼吃得下午飯。她吃完點心後，有兩個宮女來把盤子拿走，太后說，吃完以後，她總是把剩下的點心留給宮女。

不久，一個太監端著一杯茶進來，茶杯是用純白玉製成的，茶碟和杯蓋則是純金的。隨後，另一個太監捧著一個銀托盤進來，上面放著兩個相似的玉杯，一杯裝有金銀花，另一杯則裝有玫瑰花瓣，他還帶來了一雙金筷子。他們倆都跪在太后跟前的地板上，舉起托盤讓她拿得到，她從盛有茶的杯子上取下金色的蓋子，拿了一些金銀花放在茶中，她一邊啜飲，一邊說她有多麼喜歡花，以及花朵賦予茶的細緻滋味。接著她說：「讓你品嚐一點我的茶，看看你喜不喜歡。」她命令一位太監遞給我們一些茶，跟她喝的一樣。遞來的時候，她爲我們把一些金銀花放在杯子裡，並看著我們喝。那是我喝過最美味的茶，撒上花瓣，爲它增添了極爲雅致的芳香。

第四章　與太后午餐

皇帝今天很害羞

當我們喝完茶後，她要我們跟著她去隔壁的房間。在那兒，午餐已經擺上桌了，我想知道在她剛吃完那些點心後，她是否還能吃得下午餐。很快我就得到答案了。一進入房間，她就下令將蓋子取下，全部的蓋子就一起拿起來了。她坐在主位，要我們站在旁邊，她說：「通常皇帝在看戲的那天會和我一起吃午飯，但是他今天很害羞，因爲你們都是新來的。我希望他能克服這個問題，不要那麼扭扭捏捏。你們三個今天就和我一起吃飯好了。」當然，我們知道這是一個莫大的恩惠，所以我們在開飯之前向她叩頭以示謝恩。像這樣叩頭，或以頭觸地鞠躬，一開始很累，我們因此而頭暈目眩，習慣之後就好一些了。

當我們開始動箸之際，太后下令太監爲我們擺放盤子，給我們銀筷、銀湯匙等等，並說：

很抱歉你們得站著吃飯，但我不能違反祖上的規矩，即使皇后也不能坐在我的面前。我相信洋人一定會認爲我們是野蠻人，竟以這種方式對待宮女，但我也不期待他們對我們的風俗習慣有一丁點的理解。你們會看到我在他們面前表現得非常不同，因此他們沒辦法看到我眞正的樣子。」

當她與母親交談時，我也在觀察她，我十分驚訝，她在臥室裡吃了這麼多糖果、核桃等點心之後，竟還能吃得下午餐。

牛肉在皇宮轄區內是禁忌，因爲屠宰和食用爲人們負重工作的動物被認爲是一種巨大的罪過。食物主要包括豬肉、羊肉和野味、家禽與蔬菜。這一天，我們有用十種不同方式烹煮的豬肉。例如肉丸，用紅燒和白切兩種不同的方式切薄片做冷盤，紅燒是用醬油調味的，帶給肉丸紅色的光澤以及美味。還有竹筍炒肉絲、櫻桃肉、以及洋蔥炒肉片，最後一道是太后的最愛，我必須說滿好吃的。然後是一種由雞蛋，豬肉和蘑菇製成的煎餅，做法是先將它們切碎再油炸。還有白菜燉肉和另一道與蘿蔔同燉的菜餚。禽肉和羊肉也用幾種不同的方法加以烹製。桌子的中央有一個很大的碗，直徑約兩英尺，用同樣的黃色瓷器盛著，上面放著一隻雞、鴨和魚翅羹，在中國，魚翅被認爲是一種美味佳餚。除此之外，還有烤雞、去骨雞和烤鴨，鴨子和雞塡充以小松針，使其味道更佳，再置於露天烤箱中烘烤。

太后還非常喜歡另一道菜，就是將烤豬的皮切成小塊加以油炸，直到捲起來像培根片一樣。

通常滿族人很少吃米飯，他們非常喜歡麵食，今天我們吃的麵食是用諸如烤、蒸、炸等多種不同方法製作的，有些加糖，有些則加鹽和胡椒，還有些做成花哨的形狀，或用花哨的模具製成龍、蝴蝶、花朵等等，其中一種還有肉餡。然後我們吃了許多不同種類的醃菜，太后非常喜歡這些醃菜。接著是黃豆、青豆、以及花生製成的糕點，上面淋有糖漿。

儘管太后要我們盡量吃，我並沒吃太多，因爲我忙於觀察太后，聽她說話。除了我剛才提到的食物以外，我們還有許多不同種類的粥，有些材料是玉米，有些則是用長得很像鳥食的小米做成的，太后說，我們吃完肉後都得再吃粥。

在我們終於進食完畢之後，太后從桌子邊站了起來，說道：「到我的臥室去，你們會看到皇后和宮女們在用餐，她們總是在我吃好之後才吃飯。」我們於是和她一同前去臥室。我站在兩個房間之間的門附近，看到皇后和宮女走進來，圍站在桌子旁，非常安靜地吃飯，她們從來都不能坐下來吃東西。

世界上最可愛的女人

這段時間，戲樓還繼續上演一些神仙故事，但並不像我們所看過的第一部戲那麼有趣。太后坐在臥室的長椅上，太監端茶給她，她便吩咐也給我們一些。讀者可以想像，接受這樣的款待是多麼高興的事。在中國，人們認爲君王是至高無上的，她的話就是法律，與她交談時千萬不能正視她，以表示極大的敬意。因為這樣，我認為這些極為特殊的恩惠是非比尋常的。有人對我說，太后的脾氣十分暴躁，但是看到她對我們如此和藹可親，並像慈母般地與我們交談時，我認為這麼說的人大錯特錯，她是世界上最可愛的女人。

太后休息了一會兒之後告訴我們，天色已晚，現在該是回城的時候了，她給了八個裝滿水果和糕點的黃色餐盒，讓我們帶回家，她對母親說：「告訴裕庚，祝他早日康復，給他吃我讓你交給他的藥，並且好好休息，還有，把這八盒水果和糕點拿給他。」父親自巴黎返回中國以來就一直病重，我覺得倘若他吃掉所有這些糕點，對他一點好處也沒有，但是，我知道他會感激她的體貼，即使這對他的健康有害。

也許大多數讀者都知道，按照慣例，當太后餽贈禮物時我們就要叩頭，因此，當她給我們水果和糕點時，我們便叩頭謝恩。

臨走前，太后對母親說，她非常喜歡我們，希望我們留在宮裡，成為她的宮女，我們覺得這又是一個極大的恩典，便再次叩謝她。她問我們什麼時候可以來，並告訴我們只要帶個人衣服和物品就可以，因為她會為我們準備一切所需。她帶我們去看將來進住的房子，並要我們在兩天內回來。這座有三個超大房間的房子，位於她的宮殿樂壽堂的右側，這座樂壽堂地處湖岸，是太后最喜歡的地方，她大部分時間都在這裡度過，她在此閱讀與休息，有精神的時候，她也在這裡划船。這座宮殿有很多間臥室，她把全部的空間都充分運用了。

看完房子之後，我們便與太后、皇后和宮女們道別。回家的路冗長且沉悶，回到家時，我們已精疲力竭，但在經歷生命中最充實的一天之後，我們還是很高興。走進屋子時，驚訝地發現幾個太監正在等著，太后讓他們帶給我們每人四卷皇家錦緞，我們不得不再次按老規矩跪下感謝她的這些禮物。這次，禮物已經送到屋子裡，所以我們把錦緞放在房間中央的桌子上，叩謝太后，並請太監告訴太后，我們對她的親切仁慈與禮物感激不盡。

根據慣例，還有另一件事要做，就是給太監一個禮物或小費，由於我們麻煩他們，所以必須給每位太監十兩。之後我們發現，太監去任何地方為太后送禮時，他們都得在返回宮中時向她報告，收受禮物的人如何感謝她以及給了他們什麼，她會讓他們保留那些禮物或小費。她還問了關於我們房子的許多問題，以及跟她在一起我們是否開心等等。這些人非常喜歡說長道短，當我們再次回到皇宮之後，他們告訴我們，那天回家之後，太后說了我們什麼。

由於父親身體欠佳，對於我們到了皇宮之後得留父親一個人在家，母親非常擔心，但因為無法違抗太后的命令，因此三天後我們回到了皇宮。

第一天很忙碌，我們一到達就前去感謝太后恩賜禮物。她說她今天很忙，因為她要接待俄國駐中國公使夫人普蘭康（Madame Plancon），沙皇把自己、皇后和家人的迷你肖像作爲贈與慈禧太后的禮物，普蘭康夫人要將這份禮物帶給太后。她問我是否會說俄語。我告訴她我不會說，但是大多數俄羅斯人會說法語，她似乎很滿意這個答案，然而她說：「爲什麼不說你會說俄語，反正我不知道眞相。」與此同時，她正看著一位宮女。我的結論是，一定有人在騙她，因爲她似乎很讚賞我告訴她眞相。事後證明的確如此，一位宮女假裝自己會說外語，但她一個字都說不出來，因而被趕了出去。

除了上述會見之外，還有戲劇表演以及太后侄子德裕的訂婚儀式。按照滿族風俗，訂婚儀式是由兩位皇室女性前往準新娘的家中主持進行的，準新娘盤腿坐在床上，雙眼緊閉，等待著她們的到來，當她們到達家中時，便到她的臥室，在她的大腿上放置一個由大約一英尺半長的純玉製成的如意，並在禮服鈕扣上懸掛兩個由絲綢製成並有精美刺繡的小袋子，每個袋子裡都裝有一個金幣，還在她的手指上戴上兩個金戒指，上面刻有漢字「大喜」。如意的意思是「萬事如意」。

整個儀式的過程均保持著絕對肅靜，當結束之後，他們立即回到宮殿，通知太后儀式已經完成。

第五章　接見公使夫人

長尾巴的仙女

前一天沒有人通知我們第二天要接待俄國公使夫人，我們告訴太后，我們必須換裝才能接待這位女士。我們那天穿的洋裝作工簡單而且很短，穿這種服裝的原因是那裡沒有地毯，光禿禿的磚面地板會毀了美麗的紅色天鵝絨禮服，笨拙的太監也一直在踩著我們的裙尾。我們已經下定決心把短洋裝作爲日常穿著，工作時較爲方便。太后說：「爲什麼要換衣服？沒有那條裙襬拖到地板上，你們看起來更好看。我覺得在衣服上留一條裙襬很可笑，你們第一天到皇宮來的時候我就注意到了。」在我們還沒來得及開口向她解釋之前，她說：「我知道，後面有裙襬的禮服比短禮服更高雅，對嗎？」我們說確實如此，於是她說：「馬上去穿上你最漂亮的禮服。」我們就立馬去換裝了。妹妹和我穿著粉紅色縐紗長禮服，以布魯塞爾蕾絲滾邊，半透明過肩則以同色雪紡織成。母親穿著繡有黑玫瑰的灰色縐紗禮服，衣領和腰帶則以淡藍綢緞作爲點綴。太后派太監去看看我們是否準備好的時候，我們正穿得手忙腳亂。當她看到我們時，她大叫：「這是三個長著長尾巴的仙女。」接著她問我們：「走路時把一半的衣服拿在手裡會很累嗎？禮服很漂亮，但是我不喜歡長裙襬，禮服後面拖了一條這樣的東西，沒道理。我讓你們穿上洋服，不知道他們會怎麼看我，我敢說他們不喜歡我這個主意。我這麼做的理由是：我希望你們穿著洋服與他們見面，讓他們知道我對他們的衣著還是略知一二的。我得說，還沒有任何一個出現在我面前的西洋女士穿的禮服像你們三個一樣漂亮。我不相信洋人像中國人那樣富有，我也注意到他們很少戴首飾。有人告訴我，我擁有的珠寶比世界上任何一個元首都多，雖然我還在不斷增添珠寶。」

爲了接待普蘭康夫人，我們忙得團團轉。夫人大約十一點鐘到達，妹妹在第一個院子的接待室招待她，再從那兒把夫人帶到仁壽殿，太后在那兒接見她。太后坐在高壇上的寶座，皇上也在場，他坐在太后左手邊，而我則站在她的右邊爲她口譯。太后穿著黃色亮面錦緞長袍，長袍上繡著蜀葵花和漢字「壽」，並飾有金色穗帶，她並且戴著從衣服鈕扣上懸吊著的大珍珠，大小和形狀跟雞蛋差不多，還有許多手鐲、戒指和黃金護指套，她的頭髮則打扮成一如往常的樣子。

當普蘭康夫人進入殿內時，妹妹將她帶到高壇的台階上，向太后行禮，然後我向前走去，把她帶到高壇上，太后便與她握手，接著夫人就展示帶給太后的照片，太后收下並致詞，以優美的文句表達對沙皇和皇后禮物的感謝。我用法語向普蘭康夫人解釋了這段話，因爲她不會說英語。之後，太后要我將普蘭康夫人介紹給皇帝，我依照吩咐行事，當普蘭康夫人走近皇上時，他站起來與她握手，並問候沙皇夫婦安康。結束之後，太后從寶座走下來，帶普蘭康夫人到她那間有很多臥室的宮殿，當她們到時，太后請她坐下，她們一起聊了大約十分鐘，我爲她們翻譯，聊完之後我帶她去見皇后。

滿族婆婆和媳婦的互動有非常嚴格的規矩，在會面期間，皇后一直坐在寶座的屏風後面，我就是在那裡找到她的。我們從那裡出發前往宴會廳，那裡提供了滿州菜風格的午餐。

在這裡，我必須說明漢人和滿人飲食方式的區別。漢人將很多道菜放在桌子的中央，一次上一道，每個人都用筷子從這些盤裡拿取自己想吃的東西。滿族的飲食習慣有很大的不同，與其他國家一樣，每個人都配有單獨的碗盤。太后爲此感到非常自豪，表示這樣節省了時間，更不用說衛生了。宮殿裡的食物總是非常美味與乾淨，尤其是外國客人來的時候。當然，在這種時候，我們會準備各式各樣的菜餚，連魚翅燕窩都有，其他菜色更是繁多。

太后那天早上命令我好好地布置桌子，當我們入座時，桌子的擺設看上去眞是漂亮，除了一般的餐具外，我們還有金龍菜單架，裝滿杏仁和西瓜子的小桃形銀碟，除了筷子之外還有刀叉。

十分成功的初登場

太后和皇上從不與客人進餐，所以普蘭康夫人由公主和宮女招待。午飯進行到一半時，太監來說太后想立刻見我。一個念頭閃過我的腦海，那就是出了甚麼問題，要不就是有些太監錯誤地舉報我，這在宮裡很常見。因此，看到她的笑容我感到非常驚訝，她告訴我，普蘭康夫人眞是太親切有禮了，她見過許多來到宮廷的女士，但沒有一個有如此合宜的舉止，致使她必須很遺憾地說，一些來訪的女士表現不佳。她說：「他們似乎認為我們只是一無所知的中國人，鄙視我們，我很早就注意到這些事情。他們聲稱自己何等地有教養與文明，行徑竟然如此，我深爲訝異。我們被他們稱爲野蠻人，但我認爲我們更加文明，並且舉止更有禮貌。」不管外國女士表現得多麼糟糕，她總是很客氣，但是當她們走後，她會告訴我們誰好誰壞。說完之後，她交給我一塊美麗的翡翠，要送給普蘭康夫人，當我交給她時，她說她想感謝太后，於是我又把她帶回了殿內。

當我們吃完午餐時，她告訴我她對如此的禮遇和太后的親切銘感五內，就啓程離開了，我們陪著她到朝殿的院子裡，她的轎子在那兒等著。

太后制定了一項規矩或習慣，即所有客人離去後，我們必須向她彙報一切。我想她和所有女人一樣，有點愛講八卦，至少看起來是這樣。她想知道普蘭康夫人說了甚麼，她是否喜歡那塊玉，是否覺得午餐好吃等等。

太后對於我爲她做了出色的口譯而大悅，並說：「以前從未有人用這種方式爲我口譯過，儘管我聽不懂那種語言，但我看得出來你說得很流利。你是怎麼學會的？我永遠不會讓你離開我的。有時候外國女士會帶來她們自己的口譯員，但是我聽不懂他們的中國話，不得不猜測他們在說什麼，尤其是康格夫人帶來的那些傳教士。我很高興有你在，希望你一直陪伴我。我會爲你安排婚事，但現在先不告訴你詳情。」

太后的話讓我非常開心，吉星高照讓我的初登場十分成功。我很高興太后喜歡我，但是她說到婚事，這讓我很擔心，因爲我壓根沒考慮過這件事。之後我跟母親提起，她要我別煩惱，無論如何，到時候我是可以拒絕的。

當我們把所有普蘭康夫人曾說過的話都告訴太后之後，她告訴我們可以回自己的房間了，我們那天早上很早就起床努力工作，一定累了，需要休息，她也不再需要我們服侍了。我們按照慣例向她行禮退下。

第六章　服侍太后

李太監的新聞

如我之前所說，我們房間所在的建築包含四個大房間和一個大廳，我們三個人：我的母親，妹妹和我自己，一人一間房，第四間房則給了我們的女傭。太后命令一個太監陪伴我們，這個太監說，太后下令讓四個年輕的太監伺候我們，如果他們的行爲有甚麼差錯，我們可以告訴他。他還說他姓李，但由於姓李的很多，包括總管太監也姓李，所以很難分辨他們誰是誰。

我們花了一些時間到達後，他指著我們右邊的一棟建築說那是太后的宮殿，也是我們剛剛離開的那個宮殿。我不明白爲什麼宮殿這麼近，而我們卻花了這麼長的時間回來，就問了他一下，他告訴我們，我們的小房子在皇上宮殿左側，由於他不能透露的某些原因，太后將從我們的建物通往她宮殿的入口封閉起來，但他說：「你看這個地方原先是面向東方，而不是面向湖泊的。」湖上的景色很美，我告訴他我喜歡現在這樣，他笑著說：「你在這裡知道得多了，你就會發現這不是個好地方。」太監說的讓我很驚訝，但我不想多問他任何問題。他還告訴我們，皇上的宮殿就在我們後面，是一幢類似於太后宮殿的高大屋宇。我們看了看，可以見到他院子裡伸出屋頂的樹木。然後他指向皇上宮殿後面的另一座建築物，比皇上宮殿大，但較爲低矮，並且也有一個大庭院，他說這是皇后的宮殿，其兩側各有一座建築，太監告訴我們，左邊有皇上妃子的寢室。兩個宮殿之間本有一個入口，但太監稱爲老佛爺的太后將其封鎖，使得皇上和皇后無法互相往來，除非通過太后的宮殿。我想，長久以來她就是用這種方式監視他們、了解他們在做什麼。這對我來說都是新聞，我不知道該怎麼想。我擔心這個李太監會告訴我更多奇怪的事情，所以我告訴他我很累，我要回房間休息，他便走了。

我終於進入房間，當環顧四周時，我看到它布置得非常精緻漂亮，配有紫檀木家具，其上鋪著紅色緞墊，窗戶上掛著紅色絲綢窗簾。所有的臥室布置得都差不多。沿著正面窗戶下方的那堵牆有一個由磚砌成的大炕，炕上同樣鋪著紫檀木，上方有著高高的床竿，床竿架著木板條，上面掛著紅色的布簾。這些炕蓋得十分奇特，它們由磚製成，前方中央有一個孔，冬天可以生火將磚燒熱，白天的時候可以把桌子放在炕上，晚上再將之移開。

我們進房間後不久，一些太監帶來了我們的晚餐，放在廳堂中央的桌子上，他們說這是太后送來的食物，奉太后命令，他們要我們隨意吃一點，但我們太累了，以至於吃不下太多東西。準備就寢的時候，這位李太監又來了一次，他說我們必須在五點鐘起床，不能比這個時間還晚，所以我請太監五點鐘的時候敲我的窗戶。之後，我們立即上床，但並沒有馬上闔眼，因為我們想談論當天發生的許多新奇事情。後來我們終於入睡，當聽到有人敲我的窗戶時，我們彷彿才剛剛睡著一般。我從床上跳起來問有什麼事，太監告訴我現在是五點鐘，起床的時間到了。

我立即起床，打開窗戶，向外看去，天剛破曉，漫天的美麗緋紅映照在湖面上，四周一片寧靜，風景如此迷人。望向遠方，我可以看到太后的牡丹山，山上牡丹明豔繽紛。我立刻穿好衣服前去太后宮殿，在那裡我遇到了坐在長廊上的皇后，向她行禮請安，皇上的妃子也在那裡，但我們被勒令不要向她行禮，因為她在那裡是毫無地位的。那兒還有一些年輕的宮眷，其中許多人我從未見過。皇后向她們介紹了我，並說她們也是宮女，是滿族高級官員的女兒，有些非常聰明漂亮。皇后告訴我，這十位（那裡一共就是十位）還不允許接近太后，因為她們還在學習宮廷禮節。她們都穿著漂亮的旗袍，打扮得體，旗袍式樣與皇后所穿的相同。

首席御前女官

在認識了這些年輕女士之後，我與她們交談了一會兒，然後就和皇后一同進去，在那裡我遇見了慶親王的第四個女兒四格格和太后侄子的遺孀、二十四歲的年輕寡婦垣大奶奶，兩位都在爲太后的事忙著。皇后告訴我們，我們必須馬上去太后的寢室協助她打扮，所以我們立刻前去向她請安說：「老祖宗吉祥。」太后仍在床上，她對我們微笑，問我們是否睡得好，我們告訴她房間非常舒適等等，但我心裡的聲音是，我們只睡了一會兒，雖然睡得非常好，然而我還睡不夠半飽。前一天我們非常辛苦，我們對這裡還不習慣，來回奔走則讓我們非常痠痛。

她問我們是否吃過早餐，我們說尚未進食，她責罵李太監沒有爲我們打點送到房間的早餐，她說：「你們千萬不要像陌生人似的，盡管吩咐任何想要的東西。」接著她站起來開始打扮。她習慣直接穿著寬褲睡覺，因此她首先穿上白色的絲綢襪子，然後用漂亮的緞帶將它們綁在腳踝上。在此說明，雖然她總是和衣而睡，但她每天都換穿乾淨的衣服。而後她穿上一件用柔軟布料製成的淺粉紅色襯衣，外面再罩上一件繡有竹葉的絲綢短袍，因爲她早上總是穿低跟鞋，因此不能穿長袍。她穿好衣服後走到窗前，這裡有兩張長桌，上面鋪滿了各式各樣種類齊全的梳妝用品。

當她洗臉梳頭的時候，她對我的母親說，她無法忍受讓婢女、太監或老婢們碰觸她的床，因爲他們很髒，所以宮女們必須做這件事。當她這麼說時，她轉向站在角落的妹妹與我，並說：「你們兩個千萬不要認爲宮女做的是僕人的工作，而且你知道我的年紀已經可以當你們的祖母了，爲我做這一點事不算甚麼。輪到你時，你可以監督其他人，不必自己動手做。」接著，太后對我說：「德齡，你在各個方面都對我有很大的幫助，我讓你成爲我的首席御前女官。你不必做太多工作，因爲你必須安排所有接待外國人的行程，還要爲我翻譯。我也希望你照顧我的珠寶，所以我不希望你做粗重的活。容齡（我的妹妹）則可以選擇她喜歡做的事情。除了你們之外，還有四格格和垣大奶奶，你們四個人必須一起工作。不必對她們太客氣，如果她們對你不好，跟我說就是。」儘管我很高興地接受此一任命，但我知道按照慣例我必須拒絕，因此我叩謝太后的恩典，並表示我才疏學淺，不足以擔此重任，寧願當一名普通的宮女，我會盡快學習，讓自己能爲太后所用。不等我把話說完，她笑著說：「夠了！別那麼說，你太謙虛了，顯然你很機靈但並不自以爲是。儘管你在外國度過許多年，想不到你是如此完美的滿族小姑娘，連這樣細微的禮節都知道。」她眞喜歡開玩笑和嘲弄人。她說我可以試試看，如果她發現我做不了這樣的工作，她會責備我，然後找人代替。在她說完所有這些話之後，我接受了這項任命，並走到她的床邊。由於這將是我的職責之一，所以當他們整理床時，我瞧了一會兒，看看該怎麼做，我發現這是一件容易的工作。首先，在太后起床之後，太監會將床單帶到院子裡通風，接著用小掃帚把雕刻精美的木頭製成的床掃除一下，再將毛毯置於其上，然後把三張由黃色錦緞製成的厚床墊放在毛毯上，之後是由不同顏色的柔軟絲綢製成的床單，全部這些都鋪好之後，再鋪上一層繡有金龍和藍雲紋的黃色緞子。她有很多枕頭，全都有精緻的刺繡，白天的時候都放在床上，但是另有一個塞滿茶葉的特別枕頭放在她睡覺的地方，據說，睡在塞滿茶葉的枕頭上對眼睛有益。除了這些，她還有一個形狀很奇怪的枕頭，長約十二英寸，中間有一個約三英寸見方的孔，枕頭裡塞滿了乾燥花。之所以在枕頭當中開一個洞，是要讓她躺在上面時，可以將耳朵放在這個洞中，如此一來她就可以聽到任何聲音。我猜，如此一來，任何人接近她，她都能夠察覺。

除了方才提到的黃色刺繡床罩外，還有五種顏色不同的被子，共有淡紫，紅色，藍色，粉紅色，綠色和紫色，一層一層疊放於床上。床的上方是一個雕刻精美的木製框架，繡著美麗圖樣的白色縐紗床簾從架上垂吊而下，還有許多紗綢製的小香氛袋懸掛於木架的雕刻上。這些袋子發出的氣味非常強烈，不習慣這些味道會感到噁心。太后也非常喜歡麝香，她在所有場合都使用了麝香。

我們花了大約十五分鐘的時間鋪好床，當完成的時候，我轉過身，看見太后正在梳理她的頭髮。當太監打扮太后時，我站在她旁邊，她雖然年紀大了，仍然留著漂亮的長髮，柔軟得像天鵝絨一般，烏黑得像烏鴉的羽色一樣。她將頭髮從中央分開，撥到耳後，編成辮子向上盤起打成一個髮髻，完成之後，她就能將頭飾放在上面，並用兩個大髮簪固定於髮髻上。太后總是先梳理頭髮再洗臉，她像一個年輕女孩一樣挑剔講究，如果太監做得不如她的意，她就會對著太監嘮叨碎念。她有幾十瓶的各色香水還有香皂，洗完臉後，她用柔軟的毛巾擦乾，噴上蜂蜜和花瓣製成的一種甘油。之後，她在臉上塗上了濃烈芳香的粉紅色蜜粉。

梳洗完之後，她轉過來對著我說：「看到我這樣的老太太竟然還那麼小心仔細地打扮化妝，很好笑吧。好吧！我喜歡打扮自己，也喜歡看到別人打扮得漂漂亮亮的。看到打扮合宜的美麗女孩，總讓我感到賞心悅目，這會讓自己想再年輕一次。」我告訴她，她看上去還很青春漂亮，而我們儘管年輕，但我們永遠不敢拿自己與她相比。這讓她十分高興，因爲她非常喜歡人家誇獎她，因此那天早上我極爲努力地了解她，找出她喜歡什麼，不喜歡什麼。

之後太后帶我到另一個房間，向我展示了她存放珠寶的地方。這個房間有整整三面牆的架子，上面放著成堆的裝有珠寶的紫檀木盒，有些盒子上黏貼著寫上內容品項的黃色小標籤。太后指著房間右側的一排盒子說：「這裡存放著我最喜歡的珠寶，是我平日穿戴用的，你必須找一天過去看看它們都是些甚麼，其餘的則是我在特別的場合才會戴上的珠寶。這個房間裡大約有三千個盒子，我的保險庫裡還鎖著更多東西，當我不忙的時候我會告訴你的。」然後她說：「很遺憾你不會讀寫中國字，否則我會給你這些東西的清單，你就可以照著單子清點。」我感到非常驚訝，不知道是誰告訴她我不能讀寫中國字，我很想知道，但不敢問她，所以我告訴她，雖然我沒甚麼學問，但我學習中國字已有一段時間，讀和寫都略懂一些，如果她能給我一份清單，我會試著讀讀看。她說：「這就有趣了，你在這裡的第一天就有人這樣跟我說了，現在我忘了是誰，那個人說你根本無法讀寫自己的母語。」當她這麼說的時候，她正在房間裡四處張望，我確定她知道是誰說的，但她不會告訴我。隨後她說：「今天下午我們有時間的時候，我會與你一起看這張清單。把放在第一排架子上那六個盒子拿給我。」我把這些盒子帶到她的房間，放在桌子上。她打開了第一個盒子，裡面裝著美豔無比的牡丹，它是由珊瑚和翡翠製成的，每片花瓣搖曳起來都像真的一樣。這朵牡丹是將珊瑚製成的花瓣還有純淨翡翠做成的葉子用非常細的銅線串起來的，她將花朵放在她頭飾的右側。接著她打開另一個盒子，從中取出一個精緻大氣的翡翠蝴蝶，是用同樣方式製成的。這是她自己的發明，將珊瑚和翡翠雕刻成花瓣和葉子，在下端鑽孔，讓銅線通過，以這種方式製成首飾。另外兩個盒子裡則裝有不同樣式的手鐲和戒指，其中一對是鑲有珍珠的金手鐲，另一對則鑲有翡翠，其中一塊翡翠懸掛於手鐲小金鍊的末端，還有很多其他的花樣。最後兩個盒子裡放著珍珠項鍊，我從未見過像這樣的東西，立刻就愛上它們。太后拿起其中一串梅花形狀的項鍊，做法是先將五顆珍珠圍繞在一顆更大的珍珠上，接著把它與一顆單個珍珠串起來，再把另外五顆珍珠圍繞在一顆更大的珍珠上，將之接續在剛剛的單個珍珠上，依此類推，做成一條很長的項鍊，從太后禮服的其中一顆鈕扣上懸掛下來。

這個時候，一位宮女帶來幾件袍子供太后選擇，她看了這些衣服，說沒有一件適合她，讓她們回去拿更多回來。我看了看，覺得它們都太迷人了，有著如此美麗的顏色和精緻的刺繡。不久之後，同一位宮女帶著更多東西回來，太后從這些袍子當中選一件海綠色的，上面繡滿白鸛。她穿上這件禮服，照了一會兒鏡子之後，摘下了玉蝴蝶，她說：「你可以看到我非常注重細節。翡翠蝴蝶太綠了，把袍子上的綠都蓋掉了。把它放回盒子裡，給我三十五號盒子裡的珍珠鸛。」我回到珠寶室，很幸運地找到了三十五號盒子，把它帶給太后。她打開盒子，從裡面取出一隻鑲滿珍珠的銀鸛，鳥喙是由珊瑚製成的，珍珠則構成這隻鳥的身體，珍珠是如此巧妙地鑲嵌在白銀上，除非有人仔細觀察，否則根本看不到白銀。這是最精緻的工藝作品，珍珠的顏色和形狀均完美無瑕。太后把它拿起來放在頭髮上，看上去非常優雅漂亮。然後，她挑選了一件同樣繡著鸛的淡紫色短外褂穿在袍子之外。她的手帕和鞋子上也繡有鸛鳥，當她完裝時，看上去就像一位鸛鳥女士。

太后是爸爸？

就在她穿衣打扮完畢之後，光緒皇帝穿著正式地走進臥室，他的服裝沒有甚麼特殊之處，只是帽子沒有頂珠與花翎。他在太后面前跪了下來說道：「親爸爸吉祥。」皇上和我們所有人都得稱呼太后爸爸，這似乎有些奇怪，之所以這樣做，是因爲太后一直想成爲一個男人，她強迫每個人都這樣稱呼她，就像她實際上是一個男人一樣。這還只是她眾多怪癖的其中一個。

我不知道是否應該對皇上行禮，沒人告訴我該做些甚麼，然而，我認爲多禮總比失禮好，所以我想等到他或太后離開房間才行禮，因爲我們不允許在太后面前向任何人致敬或行禮。不久，皇上出去了，我跟著他進入大廳，就在我向皇上行禮時，太后也出來了，她以一種非常奇怪的眼光看著我，好像她不認同我所做的，但是她什麼也沒說。我感到非常不安，下定決心不再這麼做，多禮未必是好事。

然後我再次回到房間，看到一個小太監在房間左側的桌子上放了幾個黃色盒子，太后坐在一張被稱爲她的小寶座的大椅子上，太監打開盒子，從每個盒子裡拿出一個黃色的信封交給太后，信封內是各部尚書或各省總督巡撫所上奏章，太后用象牙裁紙刀打開它們，閱讀其中的內容。此時皇上已經回來了，他站在桌子旁邊，太后讀完奏章後就遞交給他。在進行這些事的時候，我站在她的椅子後面，當奏章遞給皇上時，我都看見了，我注意到皇上並沒有花很長時間就看完了，他看完之後，他們就將奏章放回盒子裡。這段期間，四周維持著絕對的沉默。全部結束之後，總管太監進來，跪下宣布太后鑾轎已經準備好了，太后立即站起來離開宮殿，我們跟著她走，我扶著她的手臂步下台階，走向轎子。當她進入轎子要前往朝殿時，皇上、皇后還有我們都站在平常的位置跟隨著太后，太監，老婢和婢女所攜帶的全部東西，都與我進宮的第一天完全一樣。當我們到達朝殿時，我們就移位到大屏風後面，朝會的行程於是開始。我很想知道朝會的情況，也想聽聽發生了什麼，然而宮女不會讓我一個人獨處，但是，當她們都和我妹妹一起聊天時，我便偷偷走到一個角落，在那裡我可以坐下來休息，聽聽各部尚書和太后的對話。你得信任女人，因爲女人都是好打聽的。

朝會的第一個部分我沒聽清楚，因爲同時有許多人在竊竊私語，但從雕刻華美的屏風後面窺視，我可以看到一位將軍正在對太后講話，我還看到，議政王大臣慶親王奕劻帶領內閣議政班子前來朝會。將軍的談話結束後，太后與慶親王商討了關於官員放缺的事，名單已經遞交給她，她看了一下，說了其中幾個名字，但慶親王卻建議其他人選，他說：「雖然名單交給您之後，就應當由您決定人選，但是我手上的這些人選更爲適合。」太后說：「好吧，一切都照你的意思去辦。」然後我聽到太后對皇上說：「這樣好嗎？」他回答說：「好。」於是當天的朝會結束，各部尚書和大學士們就離開了。我們從屏風後面走到太后身旁，她說她想出去散散步透透氣，婢女們給她帶來了一面鏡子放在桌子上，太后摘下沉重的頭飾，頭上只留下一個簡單的髮髻，相當好看。她想換戴些珠寶花朵，我打開了其中一個太監帶來的首飾盒，取出一些非常小巧精緻的珍珠花朵。遞給她之後，她便放在髮髻的一邊，然後她選擇了一隻玉蜻蜓放在另外一邊。她說這些小花是她的最愛，當她摘下沉重的頭飾時，喜歡戴這些小東西。我非常近距離地看著她，想知道我要怎麼處理她拿下的頭飾。我沒有帶頭飾的盒子，因爲我不知道她在朝會之後會再次換裝，我有點緊張，不知道怎樣做才對。但是當我看到太監拿著盒子進來之後就放心了。我迅速將它們放在所屬的盒子裡。

第七章　宮廷拾零

提醒太后的教訓

服侍太后的第一天非常難熬，因爲我不知道她想要什麼，或者她希望我怎麼做，而且似乎沒人願意告訴我。但是通過仔細觀察，我很快就能掌握情況。當我把東西放進首飾盒之後，我不知道應該把它們帶回珠寶室，或是等到太后下令再動作，我再一次陷入困境。我看到她在跟我母親說話，所以我等了一會兒，最後我終於下定決心，冒著風險將它們放回原處。

當我返回的時候，我在大院裡遇到太后，她剛剛又換了件袍子，看起來矮了很多，因爲她還換了低跟的鞋子。這件袍子是用厚重的天藍色縐紗製成的，沒有任何刺繡，只用淡粉紅色的緞帶滾邊，她穿著這件袍子，看上去很漂亮。太后看到我時，她問我：「你去哪兒了？」我告訴她，方才我把她的珠寶收了起來，她便說道：「有沒有人告訴過你，在我用完之後就把它們收起來？今天早晨我本來是想跟你說的，但我忘了。」我說沒有人告訴過我任何事情，但讓太監拿著如此貴重的物品這兒那兒地到處走，令我不安，而我確定她不會再使用這些首飾了，所以我認爲把它們放回珠寶室比較安全。太后看著我說：「我看得出來這些女孩什麼都沒告訴你，但你把事情都做對了，我很高興，這就是爲什麼我以爲有人跟你說過該做甚麼。任何你想知道的事情都可以問我，別跟這些吝嗇苛薄的人往來。」聽完之後，我看出她們當中一定有一些人忌妒我，我決定走自己的路，按照自己的心意行事，這應當不會太難，因爲我知道太后喜歡我，她會幫助我。

太后走了一段路，然後笑著對我說：「我現在看起來不是舒服多了嗎？我要走很長一段路，到山頂上吃午餐。那裡有個不錯的地方，我相信你會喜歡的。來吧，一起走吧。」

皇上回到自己的宮殿，總管太監也不知到那兒去了，我們走在路上時，太后有說有笑，好像她從來沒有憂慮或麻煩，也沒有任何重要的國家問題需要解決。到目前爲止，根據我的觀察，我認爲她的個性親切和藹。她回頭說：「看看有多少人跟著我們。」我轉過身，看到一大群人，他們就是當天早些時候陪同太后到朝殿的同一群人。

從西側的大院走出來後，我們來到遊廊，遊廊既寬且長，沿著湖以之字形的方式蜿蜒著，由於太過漫長，以至於我看不到它的盡頭。從遊廊的這一端到另外一端，都是精巧的石雕，天花板上每隔一段距離就懸掛著一個電燈，每當晚上燈亮時就構成了一幅美麗的景象。

太后的腳程很快，我們必須快步走以跟上她，太監和婢女們走在右邊，只有一個太監能夠走在我們後面，他攜帶著太后的黃色緞凳，像她的狗一樣，不論太后走到哪兒都可以見到他，她散步時通常會靠在這個凳子上休息一下。我們走了很長一段時間，我開始感到疲倦，太后雖然年紀大了，仍然走得很快，似乎一點也不累。她問我是否喜歡皇宮，以及我是否願意和她住在一起等等，我告訴她，伺候她是我極大的榮幸，這是我多年的夢想，現在我的夢想實現了，我已心滿意足。

我們終於到達了停泊石舫的地方，而我已經筋疲力盡了。我從未看過像太后一樣如此有活力的年長女性，也難怪她能成功統治幅員廣大的中國這麼多年。

這是一艘宏偉的船，船上佈滿豐富的雕刻，但裡面全都被破壞殆盡了。太后向我們展示整艘船隻，當我們看著那些殘骸時，她說：「看看窗戶上的彩色玻璃和這些漂亮的畫作，它們全都被洋人軍隊在一九〇〇年給毀掉了。我不打算修復它，因爲我不想忘記我學到的教訓，這裡是個能夠提醒我的好地方。」我們在那裡站了幾分鐘之後，太監拿著那隻大名鼎鼎的緞凳走近我們，太后便坐下休息。當我們交談時，我注意到有兩艘看上去又大又華麗的船隻正在接近我們，後面跟著幾條較小的船，當小船靠近時，我看它們也十分漂亮，看起來像是用雕刻精美的木材建造的漂浮寶塔，寶塔的窗戶上掛著紅色的薄紗窗簾，全都以絲綢滾邊。太后說：「那邊有船，我們得去湖的西畔吃午餐了。」

太后起身走到湖邊，兩位太監攙扶著她，一邊一個，她走進船上，我們也都跟著她進去了。船的內部布置精美，配有雕花的紫檀木家具和藍色緞面坐墊，兩側窗戶邊都種著許多盆花。這個小客廳後面還有兩個小船艙，太后叫我進去看看那兩個房間，一個小房間是裝滿梳妝用品的更衣室，另一個則有兩座沙發和幾把小椅子，供太后疲倦時休息。太后坐在她的寶座上，命令我們坐在地板上，太監帶來了紅色緞面坐墊供我們坐下。穿著中式服裝坐在地板上沒問題，但是穿著巴黎來的西式禮服當然是不可能的，我感到非常不舒服，但是我不想說出來。我想換成旗袍，因爲我知道它們穿起來很舒服而且著裝容易，但是沒有太后的命令，我不敢提出要求。太后注意到我們坐在地板上看起來非常不舒服，她說：「如果願意的話，你們可以站起來，看看那些跟著我們的船。」我把頭伸到窗外，發現皇后和另外幾位宮眷在另一艘船上，她們向我招手，我也向她們招手。太后笑著對我說：「我給你這顆蘋果，你扔給他們。」在說這話的同時，她從中央桌子上的大盤子裡拿了一顆給我，我努力嘗試，但是未能把蘋果拋到另一艘船上，而是拋進湖底。太后大笑，並要我再試一次，但我還是失敗了。最後，她拿了一顆自己扔了，蘋果直飛進另一艘船，撞到了一位女士的頭上，我們所有人都由衷地大笑，我開始感到自己樂在其中。

有幾艘敞篷的船滿載著太監，另一艘上面有婢女、老婢，其他的則載著太后的午餐。這座湖很美，在陽光的映照下顯得更爲翠綠，我告訴太后，這湖色使我想起了大海，她說：「你已經旅行了一段很長的時間，可你還覺得不夠，仍然想著大海，但你不能再出國了，你只能和我在一起，我希望你能在湖上而非洶湧的大海享受航行的快樂。」我向她保證，我很願意和她在一起。說實話，我確實享受那明媚的景致、和煦的天氣和燦爛的陽光，加上太后對我如此友善，像慈母般地與我交談，使我在那裡越久就越愛她。在那兒我真是太開心了，以至於完全忘卻在巴黎的快樂時光了。

我是一個很兇的老太婆？

最後我們到達了湖的另一部分，這更像是一條小溪，非常狹窄，寬度只能讓一條小船通過，兩岸都種了垂柳，使我想起了我讀過的中國神話。這次，我看到婢女，老婢和太監拿著箱子走在岸的兩邊，只有皇后和我們的兩艘船一同駛來。太后說：「我們幾分鐘之內就會抵達山腳下。」

當我們來到岸邊時，我看到她的黃色鑾輿和幾頂紅色轎子已經等在那兒了，我們上岸並向轎子那兒走去。我看著太后坐進轎子，發現這跟她今天早上乘坐的不是同一頂，當然，這頂小轎子是黃色的，轎桿也是黃色的。兩個太監扛起轎桿，黃色轎繩跨在他們的肩上，四個太監則支撐著轎桿的四個角落，當他們抬起轎子時，太后說：「裕太太，我給你和你女兒特別的待遇，讓你們坐有紅轎桿的紅轎子，這種轎子我只給少數人坐。」皇后用眼神示意，我立刻明白這是要我們向太后磕頭，我們於是照著做，接著便在旁等待，直到太后進入她的轎子之後，我們才去找自己的轎子。令我驚訝的是，伺候我們的太監已經等在轎旁，我注意到我的名字寫在轎桿上，我問一個太監原因，他說是太后前一天晚上下令這麼做的。

去山頂是一段有趣的旅程，我看見太后的轎子在前，皇后的緊跟在後，在我看來，她們以這種方式登上山頂非常危險，轎子後方的轎夫必須將轎桿抬高到頭頂上方，以使轎子在攀登過程中維持水平，我非常緊張，害怕它們會掉下來傷害我。太監正在我們的轎子旁邊走著，我對其中一個人說，我擔心扛轎的人會手滑。他要我回頭看看我的轎子，我看了之後大吃一驚，他們也把轎桿抬高於頭頂，而我一點兒都沒察覺，他告訴我，這些轎夫是專門扛轎的，他們已經很熟練了，根本不會有危險。這讓我心臟不再怦怦的跳，也不再一直盯著在我後邊乘轎的其他宮眷，還有走在路上的太監和婢女，因爲我擔心自己隨時會掉下來。

最後我們到達了山頂，我們幫助太后下轎，並跟隨她進入我見過最美的建築，就我所知也是頤和園中最好的建築慶佛閣。這座宮殿只有兩個房間，每側都有窗戶，四面一覽無遺。太后用大的房間來吃午飯，另一個作爲梳妝室。我注意到，無論我們走到哪裡，都能找到太后的梳妝室。太后帶我們參觀這個區域，向我們展示隨處可見的美麗花朵，直到一位年輕的太監告訴我，太后的點心已經準備好了。那是我眞正工作的第一天，我出去時發現兩個裝有不同種類糖果和水果的黃色大盒子，就跟我之前提到的一樣，我從中一次拿兩個盤子，跑了九次才拿完，我將它們放在靠近她的一張方桌上。彼時她正在與我母親談論鮮花，我注意到，儘管她在講話，她同時也在看著我。我非常小心地將盤子放在桌子上，並且前一天就留意她最喜歡的點心是什麼，將那些放得離她近一點兒。

她對我微笑著說：「你做得非常好，你怎麼知道這些是我最愛吃的，還放得離我近些？是誰告訴你的？」我回答說，沒有人告訴我任何事情，而且我前一天就留心老祖宗喜歡什麼。太后說：「可見你處處用心，不像宮裡這群人，他們簡直沒腦子。」她很快就忙著吃點心，給了我一些糖果，並要我在她面前吃掉，當然，我從來沒有忘記向她謝恩，我寧可過於客氣也不願顯得沒禮貌。她告訴我：「每當我給你小東西時，你不需要磕頭，只要說：『謝謝老祖宗』，就足夠了。」過了一會兒，她吃完後，要我把盤子拿走，她說：「今天的工作由你負責，所以這些都是你的。把它們拿出去坐在長廊上吃吧。你看，我吃不了全部，剩下的東西很多。如果你願意，可以讓伺候你的太監把它們送到你的房間。」我把小盤子都放回盒子裡，帶到長廊，放在桌子上，請皇后也來吃點兒。我不知道將這些點心給她吃是否合適，但我認爲試一下也無妨，她說好的，她會吃一些。當我拿起一顆糖果，剛把它放進嘴裡時，我聽到太后叫我的名字，我急忙走進去，發現她坐在桌旁準備吃午餐。她說：「普蘭康夫人昨天還說了什麼？她眞的很高興嗎？你認爲他們那些外國人眞的很喜歡我嗎？我不這麼認爲，相反地，我知道他們沒有忘記光緒二十六年的義和拳之亂。我不介意承認自己就是守舊，也看不出我們應該向外國學習的任何理由。有沒有哪個外國女士告訴過你我是一個很兇的老太婆？」

我很驚訝她在吃飯時召見我並問我這些問題，她看上去很認眞，在我看來，她很煩惱，我向她保證，沒有人說過太后的不是，他們都說好話，外國人告訴我，她是多麼的親切，多麼的優雅云云。這似乎使她很高興，她笑著說：「當然他們必須這麼告訴你，爲了讓你高興，他們得說你主子是完美無瑕的，但我知道的更多。我不應該鑽牛角尖，但是我痛恨看到中國處於如此惡劣的境地，雖然周圍的人都告訴我，幾乎每個國家對中國都非常友好，他們似乎用這種方式來安慰我，但我認爲這不是眞的。我希望有一天我們能夠強大起來。」當她說這句話時，我注意到她的表情十分憂慮，我不知道該說些什麼，只好試著安慰她那樣的時刻總會到來，我們都在期待著。我想在某些方面給她意見，但是看到她很生氣，我認爲那天最好不要提出任何建議，而是等到有機會的時候再說。我爲她感到難過，想傾一己之所有來幫助她，我要做一件沒人敢做的事，想告訴她一般人對她的看法是什麼，以便讓她知道眞相。但有個聲音要我保持沉默，所以每次她和我說話時我只是不斷思考，最後我下定決心不說，我認爲提出建議的時間尚未成熟。我現在很喜歡她，所以我非常小心，不想冒犯她，因爲那可能會讓我的願望無法達成。我想先徹底了解她，再嘗試影響她改革中國。

她吃飯的時候我一直站著，她從桌旁站起來，遞給我她的餐巾，餐巾是一塊一平方碼的花色絲綢，其中一角折進去，上面固定了一隻金蝴蝶，蝴蝶的後部有一個鉤子，可以勾在她的衣領上。她說：「我想你一定餓了，去叫皇后和其他人來吃飯，你可以從這些桌子上拿任何想吃的東西，所以盡量吃吧。」我非常非常餓，試想一下，我從早上五點就起床了，只吃了一點早餐，卻走了很長的路，當太后坐下來吃飯的時候已經接近中午了，她也吃得很慢，當我站在那兒和她說話時，我還以爲她永遠沒有吃完的時候。她好好地吃完一餐了，接著輪到我們。皇后站在桌子的主位，我們則站在兩邊，沒有人想往前站，所以都站在桌子的另一端。食物和我們在那裡的第一天吃的幾乎一模一樣。太后從內室出來，剛剛洗完臉和手，換上了另一件袍子，設計很簡單，但是非常漂亮，是由粉紅色和灰色的生絲編織而成的，每當她走動時，就會閃耀多變的光彩。她走出來說：「我想看看大家吃飯，爲什麼你們都站在桌子的另一邊呢？最好的菜都不在那兒。你們所有人都過來這裡，靠皇后這邊吃飯。」因此，我們從原來站的地方移到了另一邊。太后站在我旁邊，指著一條煙燻的魚，要我嘗試一下，因爲這是她的最愛。她說：「把這裡當自己家一樣。在這裡你當然是得和這一群人競爭，但如果受到不公平的對待，你可以告訴我。」然後太后就離開了，她說她要出去走一走。我注意到有些宮女不開心，她們察覺到太后非常重視我們，我也看得出來她們有點嫉妒我，但我一點兒也不擔心。

太后發明的遊戲：八仙過海

吃完午飯後，我跟著皇后，因爲我對這裡的一切都不熟悉，我不知道我該怎麼做，不知道是否應該加入太后的行列。在知道她們嫉妒我之後，我對每一件事都格外小心，以免在工作時犯任何錯誤，讓她們得意地嘲笑我，我不會給她們機會。我聽見太后對照顧花園的太監說話，她說，有些樹枝怎麼還沒剪掉，眞是太懶了。走到她的身邊，她對我們說：「你看，我必須自己照顧一切，否則我的花會毀了，他們完全靠不住，我懷疑他們能把哪件事做好。他們應該每天四處查看，剪掉枯死的樹枝和樹葉。他們已經好幾天沒有受到懲罰了，他們正等著呢。」她笑著說：「我不會讓他們失望的，他們想要的一切，我都會給他們。」這些人竟然期待被鞭打，我覺得他們一定是傻子，而且我還想知道誰會鞭打他們。太后轉向我說：「你親眼見過執行鞭打的場面嗎？」我告訴她，我小的時候住在長江邊上的沙市，我在那裡看過犯人在縣衙門被鞭打。她說：「那沒什麼，那些罪犯並不像這些太監那麼可惡。如果他們很壞的話，他們應該受到更重的懲罰。」太后說，我應該學著和她一起玩骰子，因爲她始終找不到足夠的人玩，所以我們回到她吃午飯的房間，這個大房間中央有一張方形桌子，還有一個太后的小小寶座，位置朝南，是她最喜歡的方向。

太后坐在寶座上對我說：「我教你怎麼玩這個遊戲。你認識的漢字夠嗎？你看得懂這張地圖嗎？」我注意到桌子上放了一張大地圖，大小與桌子相同，塗著不同的顏色，地圖的中央寫著遊戲說明：「此遊戲爲『八仙過海』，八仙分別是呂洞賓、張果老、鐵拐李、藍采和、韓湘子、曹國舅及漢鍾離等七位男神仙，以及唯一的女神仙何仙姑。」這是一份中國地圖，地圖上標明了不同省份的名稱，還有八塊圓形的象牙棋子，直徑約一英吋半，厚約四分之一英吋，上面刻著神仙的名字。這場比賽可以由八個人或四個人進行，由四個人進行的時候，每個人都必須占據兩位神仙的位置。地圖的中心放置了一個瓷碗，將六個骰子扔進碗中來計算分數，例如，當有四個玩家的時候，其中一個人把這六個骰子扔進碗裡，計算擲出的點數，他最多能得到三十六點，倘若拋出三十六點，那麼這位神仙就能去杭州遊覽。此人若扮演呂洞賓擲骰子而得到三十六點，就將呂洞賓的象牙棋子放在地圖的杭州上。同一個人必須爲另一位神仙擲出另一次，因此，如果四個人一起玩遊戲，每個人一回都會擲兩次，如果八個人一起玩，則每個人一回擲一次。不同點數到達不同的省。點數等級的計算是這樣的：從六個骰子一色，到六個骰子有一到三對相同的，分數最低的是雙一、二或三，如果有神仙不幸得到了這樣的組合，他就會被放逐，離開這個遊戲。在環遊地圖的神仙當中，任何一位首先到達皇宮的就贏得遊戲。

我把這段話讀給她聽，她似乎很高興，並說：「我不知道你認得這麼多字。這個遊戲是我自己發明的，我教了三個宮女玩，她們很難教，爲了玩遊戲，我也教她們識字，但是她們不管學甚麼都得花很長時間，在完全教會他們之前，我常感到氣餒，但我敢說你現在已經知道怎麼玩了。」聽到這些宮女如此無知，我非常驚訝，我以爲她們應該極爲聰穎飽學，所以一直不敢表現我中國文學的知識。我們開始玩遊戲，太后很幸運，她所擁有的兩個神仙遙遙領先於我們，其中一位宮女對我說：「不必驚訝，你會看到老祖宗總是贏家。」太后微笑著對我說：「你永遠捉不住我的神仙。」她說：「今天是你第一次在這裡玩這個遊戲，如果你的任何一位神仙打敗我，我都會給你一件精美的禮物，所以快點吧。」我以爲我永遠無法贏過她的神仙，因爲他們遠遠領先於我，但是我奮力一搏，照著太后說的，在擲骰子時大聲吆喝所想要的點數，結果卻截然不同，點數非常小，逗得她樂不可支。

不知道玩了多長時間，當下一個輪到我的時候，太后對我說：「我確定你無法擊敗我，沒人能做到，但我看到你的在我旁邊，我還是給你一模一樣的禮物。」她說完這句話之後，讓一個婢女帶一些繡花的手帕過來，這個女孩帶來了幾條彩色的，她問我喜歡哪種顏色。她遞給我一條粉紅色的和一條淡藍色的，兩條都繡有紫藤花，她說：「這兩條是最好看的，你就拿著吧。」我想向她跪下磕頭道謝時，發現我的腿無法動彈，我努力嘗試，在非常困難的情況下，最後終於成功了。太后打從內心開懷大笑，她說：「你看你，不習慣久站，都無法屈膝了。」儘管我的腿很酸，我認爲我最好不要顯露出來，而是微笑著告訴她那沒什麼，我只是腿有點僵硬，如此而已，她說：「你得去坐在長廊上休息一下。」能夠坐下我太高興了，所以我去了長廊，發現皇后與幾個宮眷坐在一起，皇后說：「你站了這麼長時間一定很累，過來坐在我旁邊。」我的腿很僵硬，背也很累，當然，太后坐在舒適的寶座上時，她不知道我們有多難受，在北京皇宮內壓根就不適合穿洋裝活動，我希望太后讓我們換上旗袍。我注意到她每天都問很多關於外國服裝的問題，她還說：「洋服並不比我們的漂亮，應該說，穿上去腰部一定很不舒服，不管怎樣我都不想讓腰部這樣被擠壓。」儘管她這麼說，她並沒有要求我們放棄洋裝，因此我們必須耐心等待她的命令。皇后從口袋裡掏出手錶，對我說：「這場遊戲只玩了兩個小時。」我說，在我看來比兩個小時還長。在談話時，我看到伺候我們的太監用扁擔挑了四個用薄板製成的圓盒過來，盒子都放在扁擔的兩端。太監把盒子放在我們坐的地方附近，其中一位給我端來了一杯茶，當母親和妹妹到來時，同一個太監又端來了另外兩杯。有幾個宮眷正在與我們交談，這個太監沒有給她們任何東西。我注意到在這條長廊的另一端，還有另外兩個長得完全一樣的盒子，有一個高大的太監在泡茶，他把茶沖到一個黃色的瓷杯中，帶上一個銀碟和一個銀杯蓋，將之遞給皇后，他沒有給其他人任何東西。

坐在我旁邊的一位宮女說：「你介意告訴王公公（我們的太監）讓我喝杯你的茶嗎？我只是爲了省麻煩，讓我不必走到長廊盡頭的小房間拿出我的茶。」我對她表現出非常驚訝的表情，因爲我不知道這是我們的茶，但我心裡想，我只會叫王公公拿杯子給她，之後再了解原因，因爲我寧願把所有的東西都給別人，也不要在那些人面前顯得愚昧無知。在我們交談時，太后出來了，在她抵達長廊之前，我起身告訴皇后，太后快到了，我先看到太后是因爲我面對她的宮殿後方。太后對我們所有人說：「現在快三點了，我要休息一會兒，我們離開這裡吧。」我們都排成一列，讓她進入鑾轎，我們再進到自己的轎子。轎子走得飛快，在到達她宮殿的庭院之前，我們就下轎了，我們走到她的轎子前面，排成另外一列讓她下轎。接著，我們都跟著她走到她的臥室，隨後，一個太監給她帶來一杯熱水，另一個給她帶來一碗糖。她拿起金湯匙，取了兩茶匙糖，將其放入熱水中慢慢喝下，她說：「你知道，入睡或躺下之前喝糖水會使人安神，我一直這麼做，發現確實很有用。」她從頭飾上摘下花飾，我立即將它們重新安放在盒子裡，再放回珠寶室裡。當我走出這間珠寶室時，她已經在床上了，她對我們說：「你們都去休息一會兒，我這裡現在不需要你們了。」

第八章　宮廷女眷

給你一些忠告

我們從她的房間退下，但我注意到有兩位宮女沒有跟我們一起走，一位宮女對我說：「我很高興今天能休息一會兒，因為我已經連續坐了三個下午了。」起初我不懂她的意思，她便說：「哦，還沒輪到你，我們不知道你是否已經收到命令。你知道，在太后睡午覺的時候，我們其中兩個人必須留下來監視太監和婢女。」我覺得那是我聽過最好笑的事，我想知道她房間裡會有多少人。皇后說：「我們最好立刻去休息一下，否則太后會在我們休息之前就起床。」當然，我完全不知道她能睡多久，所以我們立刻就回到房間去，我一坐在房間裡，才意識到自己有多累，我感到氣力用盡，同時極其困倦，因為我不習慣五點鐘起床，而且我對一切都非常不熟悉。當我坐在那裡的時候，我的思緒飄蕩到了巴黎，我想起以前習慣跳完舞之後清晨五點鐘才上床，在這裡我卻不得不五點鐘就起床，眞是不可思議。四周環境對我來說全然陌生，看到太監這兒那兒地跑來跑去伺候我們，好像他們是婢女一樣。我說我不需要他們了，希望他們離開房間，讓我可以躺著休息一下，他們就為我們帶來茶和各式糖果，並詢問還需要什麼。當我正要換上一件舒適的衣服時，太監又進來告訴我「有客人來了」，此時，有兩位宮女來了，後面跟著一名大約十七歲的女孩。那天早上，當我來到宮殿，忙於工作時，我曾見到她，卻沒有人把我介紹給她。這兩個女孩說：「我們來見你，並想知道你是否還習慣。」她們來見我，我覺得很親切，但我不喜歡她們的樣貌。她們向我介紹了這個長相平庸的女孩，並告訴我她的名字叫長壽，但她看起來如此纖細孱弱，似乎不會長壽，她看上去不太舒服而且累壞了。我不知道她是誰，她向我行禮，我也向她回以半禮。

在此我解釋一下禮數。對於太后、皇上和皇后，我們下跪屈膝，對於比自己低階的人，我們則站著，在這種情況下，人們必須等到低階的禮節先行，然後稍微屈膝作爲回應，這就是長壽向我行禮時我的回應方式。兩個女孩說：「長壽的父親只是一個小官員，所以她在宮裡的地位不高。她不是一個宮女，但她也不是婢女。」聽到了這樣一個滑稽的陳述，我幾乎快笑了出來，猜想那她到底是甚麼。那天早上，我看到她和宮女一同坐下，所以我當然也要求她坐下。兩位宮女問我是否感到疲倦，以及我對太后的感覺如何，我告訴她們，太后是我見過最可愛的女士，儘管我在那裡只有幾天時間，但我已經非常喜歡她。她們看著長壽，交換了微笑，但她們的態度十分微妙，使我感到困擾。她們問：「你想住在這個地方嗎？你打算待多久？」我說我願意久待，我會竭盡所能地伺候太后，並且幫助她，因爲我們到那兒沒多久，她就對我們如此友善。此外，爲我的國家與元首服務是我的職責。她們笑著說：「你眞可憐，我們替你感到難過。無論你多麼努力，在這裡都不要指望任何肯定。如果你眞的要按照剛才所說的去做，那大家都會討厭你。」

我不知道她們在說什麼，或者她們的談話是關於甚麼，我覺得有點不太對勁，最好不要再說下去，所以我立即改變了話題，我問她們是誰整理她們的頭髮，以及她們的鞋子是誰做的，就像她們問我的那樣，她們回答說這些都是她們的婢女做的。長壽對這兩個女孩說：「告訴她宮裡所有的事情，我相信當她親眼看到時，她會改變主意。」我不喜歡這個長壽，我對她的長相也沒有好感，她長得很嬌小，頭很小，嘴唇也很薄，當她笑的時候，只能聽到她發出的聲音，她的臉上完全沒有表情。我想對她們說一些話，以免給她們八卦的機會，但我發現她們太狡猾了，她們注意到我竭盡全力阻止她們，於是她們說：「現在讓我們告訴你所有的事，沒有人會知道的。我們很喜歡你，想給你一些忠告，這樣一來，當你遇到麻煩時，你就能夠保護自己。」我告訴她們，我會非常小心地做我的工作，並且我不認為自己會遇到麻煩。她們笑著說：「沒關係，太后會找出錯誤。」我不敢相信她們所說的，並打算告訴她們我拒絕聽這些話，但我想最好先聽聽她們說甚麼，而不要冒犯她們，因為我不認為樹敵對自己有好處。於是我告訴她們，像老祖宗這樣可愛善良的人，不可能挑剔像我們這樣無助的女孩，因為我們是她的子民，她可以和我們一起做任何她想做的事。她們說：「你不知道也不明白這個地方有多邪惡；這種折磨和痛苦是超乎想像的。

我們敢說，你認為你能和偉大的太后相處融洽，並對於成為她的宮女感到驕傲，那是因為那一天尚未到來，因為你們對她來說還很新鮮。是的，她現在對你非常友善，但是等到她對你感到厭倦之後，再看看她會做什麼。我們受夠了，知道宮廷的生活是什麼。當然，你一定已經聽說過，在老祖宗的背後，是總管太監李連英統治著這座宮殿，我們都很怕他，他假裝自己無法影響老祖宗，但要怎樣懲罰一個人，都是他和太后經過長時間討論的，下場如何，我們都很清楚。如果我們當中任何人做錯事，我們總是去找他，懇求他幫助我們，然後他就會說他無權影響太后，而且他不敢跟她說太多，因為她會罵他。我們討厭所有的太監，他們太壞了。我們很清楚他們對你非常客氣，因為他們看到你正受寵。等你像我們一樣，不斷受到他們這種無禮的對待時，你就會受不了他們的。

「老祖宗非常善變，今天她可能喜歡一個人，明天她會討厭這個人更甚於討厭毒藥。她很情緒化，不論甚麼情況，她從不稱讚別人。即使連皇后，我們的主子（主子意味著女主人，也就是說她是我們所有人的女主人，因為對滿族君主來說，子民都是奴隸），都害怕李連英，都必須對他很友善，實際上，我們所有人都得對他畢恭畢敬。」她們說了很久，以至於我認為她們沒完沒了。就在這個時候，王公公進來了，他為我們帶來了茶。突然我聽到遠處有人大叫，於是我問王公公發生什麼事，姑娘們也豎起耳朵。此時，太監衝進來告訴我們老佛爺起床了，女孩們站起來，說我們都得去見她，於是她們就走了。我對她們的來訪並不高興，我希望她們最好沒來過，特別是當她們告訴我如此恐怖的事情時，聽到她們把太后說得那麼可怕，讓我很傷心，我從第一天起就很喜歡她，下定決心要忘記她們告訴我的一切。

外國的樹木醜陋又原始

我生氣還因爲我得馬上去見太后，但我沒有時間換衣服。我走進她的寢室，發現她盤腿坐在床上，一張小桌子放在她面前。她笑著問：「你好好休息了嗎？你睡了嗎？」我說我不睏，我白天無法入睡。她說：「當你像我這麼老的時候，就能隨時入睡。你現在就是年輕而且愛玩，所以你睡不著，我想你一定是去山上摘花，或者走了太多的路，因爲你看起來很累。」我只能說「是」。兩位剛剛把太后胡說八道一番的宮女進來了，她們幫著太后，將她的梳妝用品遞給她。我看著她們，爲她們感到羞愧，在說了這麼多令人厭惡的話之後，她們竟還能面對太后。太后洗了洗臉，梳了一下頭髮，一個婢女給她帶來了新鮮的白茉莉和玫瑰，太后把它們夾在頭髮上，對我說：「比起翡翠和珍珠，我更喜歡鮮花。我喜歡看小植物成長，而且我自己給它們澆水。自從你來了以後，我一直很忙，沒辦法去看看我的植物。叫他們把晚餐準備好，吃完之後我要去散步。」我離開她的房間，給太監傳達太后的命令，像往常一樣，我們去爲她準備小點心。當我們把小點心帶來時，太后已經穿好衣服，坐在大廳裡，用骨牌玩起單人紙牌遊戲，太監照例在桌子擺放餐點，於是太后停止遊戲，開始吃起來。她問我：「你覺得這裡的生活如何？」我告訴她，我非常喜歡和她在一起。她說：「我聽說巴黎很棒。那是個怎麼樣的地方？在那裡的時候你過得愉快嗎？你想再回去嗎？離開中國三、四年對你們來說一定很難過，我想，當你父親的任期結束，你們收到命令回來時，你們應該都很高興。」

我只能說「是」，因爲告訴她我對離開巴黎感到非常難過沒有好處。她說：「我認爲我們在中國擁有一切，只是生活方式不同。什麼是跳舞？有人告訴我，跳舞就是兩個人牽著手滿房間地跳。如果是這樣的話，我不覺得有任何樂趣可言。你必須和男人一起跳上跳下嗎？他們告訴我白髮的老太太也跳舞。」我向她解說關於總統舉辦的舞會、私人舞會以及化裝舞會等等的所有一切。太后說：「我不喜歡化裝舞會，如果他們戴著面具，你不知道你跟誰跳舞。」我向她解釋了人們如何小心地發出邀請函，任何素行不良的人永遠都不可能進入上流社會。太后說：「我想看看你是怎麼跳的，你能秀一小段給我看嗎？」我去找妹妹來，發現她正忙於和皇后交談。我告訴她，太后希望看人們如何跳舞，我們必須表演給她看。皇后和宮女們都聽到了，所有的人都說她們也想看，妹妹說她注意到太后的臥室裡有一臺大留聲機，也許我們可以找到一些音樂唱片。我覺得那是個好主意，就去找她要留聲機，她說：「哦，你必須要跟著音樂跳嗎？」當她這麼說的時候，我忍不住想笑，我告訴她，跟著音樂對我來說要好得多，否則別人無法跟上。她命令太監把留聲機搬到大廳，並說：「我吃飯時你就跳。」我們查找了很多唱片，它們全都是中文歌曲，但最後我們找到了一張華爾滋，於是就開始跳舞。我們看到很多人在注視著我們，也許他們以爲我們瘋了。跳完之後我們發現太后在嘲笑我們，她說：「我永遠也做不到，你一直轉圈兒，頭不暈嗎？我想你的腿一定也很累。你們的舞姿曼妙，跟幾個世紀前中國姑娘跳的舞很像，我知道這很困難，應該要有一點天分才做得到。但是我不喜歡看到男人和女孩那樣共舞，我反對用手環抱著女孩的腰，我喜歡看到女孩們一起跳舞，在中國，女孩子永遠不會離男人太近，我知道洋人似乎根本不考慮這一點，好像他們比我們更開放似的。洋人眞的不尊重父母嗎？他們會毆打父母並趕出家門嗎？」我告訴她，事實並非如此，關於外國人，有人灌輸她錯誤的觀點，於是她便說：「我知道了，可能在國外偶然有些普通老百姓會做這樣大逆不道的事，於是人們就得出結論說，所有洋人都這樣對待父母，其實現在中國的普通老百姓也會做同樣的事。」我想知道是誰對她胡言亂語，並讓她相信那些荒謬的論調。

我們吃完晚飯才五點半，太后說她想沿著遊廊散步，所以我們就跟著她走。她給我看了她的花，並說那些花都是她自己種的。每當太后到任何地方時，總是有很多侍從跟著她，這與她去朝會的時候完全一樣。當我們花了二十五分鐘到達這條遊廊的盡頭時，太后下令把她的凳子帶進其中一間涼亭，這些涼亭完全由竹子建造，所有家具均由不同形狀的竹子製成。太后坐下之後，其中一位太監帶來了茶和金銀花，她命令太監也給我們喝茶，太后說：「我用簡樸的方式享受生活，我喜歡看鄉村景色，我還有很多美麗的地方要帶你去看，我相信在你看到它們之後，你不會再那麼喜愛外國，世界上沒有任何地方可以跟中國的風景相比。一些從國外回來的大臣對我說，外國的樹木和山脈看上去既醜陋又原始，這是眞的嗎？」我立刻得出結論，有人希望瞎扯一些外國人的事以取悅她，我告訴她，我去過幾乎所有國家，也發現了美麗的景物，但是當然與中國的美有所不同。當我們聊天時，太后說她覺得有點冷，並問：「你會冷嗎？你看，你有自己的太監，他們都站著，無事可做。下次讓他們隨身攜帶你的披肩。我認爲洋服穿起來一定很不舒服，穿著要嘛太熱要嘛太冷。而且你把腰束成那樣，我看不出來你要怎麼吃東西。」太后起身，我們也繼續慢慢地踱步，朝著太后的宮殿走去。她坐在大廳裡她最喜歡的小寶座上，開始玩起單人紙牌遊戲。我們走到遊廊上，皇后對我們說：「你們一定很累，我知道你們還不習慣整日不停地做這些繁重的工作。你們最好穿上旗袍，因爲它們舒服且穿著容易工作。看看你們那長長的裙襬，你們在走路時還得用手把它拿起來。」

欺騙太后

我告訴她，能把衣服換掉就太好了，但是我沒有收到太后的命令，也不敢提出任何要求。皇后說：「對，不要主動請求任何事，我相信不久之後太后就會要你換裝。她現在希望看到你的巴黎禮服，因爲她想知道外國女士在不同場合上都怎麼穿，她發現有些女士穿著毛衣就來參加花園聚會，在我們遇到普蘭康夫人之前，我們也以爲外國女士不像我們那麼華麗。你還記得太后對你說的話嗎？『那位普蘭康夫人與她遇到的許多女士有很大的不同，而且穿著也非常不一樣。』」我記得普蘭康夫人穿的那件有手繪圖案的雪紡禮服，太后看了非常喜歡。當我與皇后交談時，所有的電燈都亮了，所以我到太后那兒去看看她需要什麼，她說：「在我睡前，來玩玩骰子遊戲。」我們就開始玩和下午一樣的遊戲，太后贏得了另一場，這次只用了一個小時就完成了比賽，太后對我說：「你爲什麼不贏一次？」我知道她想取笑我，所以我說我的運氣不好，她笑著說：「明天試著把襪子穿反，你肯定會贏。」我告訴她我會的，我知道那樣說會令她開心。我在那兒的寥寥數日當中，大部分時間都在研究她，我看不出有什麼比服從命令更讓她快樂的了。太后說她累了，我們得幫她去拿牛奶，她對我說：「我希望你每天晚上睡前在隔壁房間裡上香，跪著向菩薩叩首。我希望你不是基督徒，因爲如果你是，我永遠不會覺得你和我同一條心，你得告訴我你不是。」我根本沒有意料到她會問這個問題，我必須說這是一個很難回答的問題，爲了保護自己，我不得不說我跟基督徒毫無關係。我對於以這種方式欺騙她感到內疚，但這是絕對必要的，沒有其他辦法可想，我知道我必須立即回答她的問題，因爲讓她看到任何猶豫是行不通的，這會引起她的懷疑。儘管從我臉上看不出甚麼變化，但我的心臟停止跳動了一會兒，我從小就被教導要勇於說出實話，我爲瞞騙了她而感到羞愧。太后聽說我不是基督徒時，她笑著說：「我很佩服你，儘管你與洋人往來密切，但你沒有接受他們的宗教信仰，相反地，你仍然固守自己的信仰。你一輩子都要這樣堅強地維持下去，你不知道我現在有多高興，因爲我懷疑你肯定相信了洋人的上帝，即使你不想，他們也會想方設法讓你相信。現在我準備睡覺了。」

我們協助她脫衣服，當我像往常一樣卸下她的珠寶時，我發現她只戴了一對玉鐲入睡，她換上睡衣，躺在絲綢被子之中，對我們說：「你們現在可以走了。」我們向她行禮，退出她的寢室。在外面大廳冰冷的地板上站著六個太監，他們是看守，晚上絕對不能睡覺。在她的寢室裡有兩個太監、兩個婢女和兩個老婢，有時還有兩個宮女，這些人也不能睡覺。兩個女孩每晚按摩她的腿，兩個老女人在那裡監看著女孩，兩個太監監看著兩個老女人，而兩個宮女則監看著他們全部的人，以防萬一有人使壞。他們值夜都是輪班制的，以至於有時候當不可靠的太監當班時，兩個宮女只得整夜監督他們，太后最信任宮女。我問起這一班人在那兒做甚麼，這六個太監的其中一位告訴我情況，當我聽到的時候，我簡直驚訝到不行。

接著，一位宮女對我說，按照慣例，她們早上輪流到太后的寢室叫醒她，明天早上應該是我輪值，後天早上則是我妹妹。當她說話的時候，她笑得非常詭異，當時我不了解，但後來才知道爲什麼。我問她怎麼做才能喚醒太后，她說：「沒有特定的辦法，你得自己判斷，但是要小心不要讓她生氣。今天輪到我，我已經知道她前一天因爲一些很累人的事而非常疲倦，所以叫她起床時，我不得不比平常大聲一點，這讓她非常生氣，但她起床後卻嚴厲斥責我，因爲起床時間晚了。太后較晚起床的時候經常這樣，她總是說我們叫她的聲音不夠大。然而我不認爲她現在會這樣對你，因爲你是新來的，等到你來這裡幾個月之後你就知道了。」這位宮女對我說的話使我相當地擔心，但是到目前爲止，就我親眼所見，我不相信她會對任何盡忠職守的人生氣。

第九章　光緒皇帝

叫太后起床

第二天，我比平常早起，匆匆忙忙穿上衣服，因爲我擔心自己可能會遲到。當我到達太后的宮殿時，遊廊上已經有幾位宮女坐在那兒了。她們笑著邀我一起坐下，因爲爲時尚早，只有五點鐘，我被告知要在五點三十分時叫醒太后。幾分鐘後，皇后出現了，我們大家都向她行禮並道「早安」，與我們交談了幾分鐘之後，她問太后是否起床了，以及那天是誰當班叫醒太后的，當我告訴她輪到我時，她立即下令我馬上去太后的寢室。我靜悄悄地到達那兒，發現一些婢女正無所事事地站著，還有一位宮女正坐在地板上，她整夜都在值班。當看到我時，她站起身來並小聲對我說，既然我已經來了，她就離開去換衣服並梳洗一下，而我則得等到太后醒來之後才能離開寢室。這位宮女走了之後，我走到床邊說：「老祖宗，已經五點半了。」她臉朝著牆睡覺，沒有回頭看是誰叫她的就說：「走開，離我遠一點兒。我沒讓你在五點半叫我。六點的時候再叫我。」接著她馬上又睡著了。我等到六點時再叫了她一次，她醒來的時候說：「太差勁了，你這討厭的東西。」說完之後，她環顧四周，看到我站在床邊。「哦！是你嗎？誰讓你來叫醒我？」我回答：「一位宮女告訴我，該輪到我在老祖宗的寢室當班了。」「有意思，她們竟敢在沒接到我的指示之前就下命令嗎？她們知道這不是個愉快的差事，她們丟給你因爲她們知道你是新來的。」我沒有回覆她的話。那天我小心應對，因爲我發現這不是個簡單的任務，太后會在每個細節上都非常吹毛求疵，然而，下一次我就設法將她的注意力轉移到新鮮或有趣的事物上，以使她不再專注於眼前的事，這樣就讓她下床的麻煩大爲減少了。

我的讀者無法想像，當回到自己的房間時我們是多麼高興。那時正好是晚上十點半，我非常疲累和睏倦，所以我脫下衣服立刻上床睡覺，我想我一沾到枕頭就睡著了。

第二天，一如往常，固定於早晨會見大臣，當然接下來整天都很忙碌，我是在如此持續了十五天之後才意識到這件事的。我開始對宮廷生活產生極大的興趣，並且日益喜愛。太后總是對我們非常友善與仁慈，並帶我們參觀頤和園的各個地方，我們去看了太后位於昆明湖西側的農場，我們得穿越一座高橋才能到達那裡。這座橋叫玉帶橋，太后經常帶我們乘船到橋下，或者在湖邊走來走去。她似乎非常喜歡於橋的頂端坐在凳子上喝茶，事實上，這是她最喜歡的地方之一。過去她每隔四、五天去一次農場，如果能從自己的農場裡收穫一些蔬菜、白米或玉米，她總是很高興。她會在其中一個庭院裡自己下廚煮這些東西，我覺得很好玩，也捲起袖子幫她做飯。我們也從農場帶來新鮮的雞蛋，太后教我們如何用紅茶茶葉煮雞蛋。

太后的爐子很特別，是由黃銅製成的，內襯磚塊，因爲沒有煙囪，可以搬運到任何地方。太后告訴我，先將雞蛋煮熟，然後將蛋殼敲碎，但要保留其殼，再加入半杯紅茶、鹽和香料。太后說：「我喜歡鄉村生活，比宮廷生活自然樸實多了，我總喜歡看到年輕人玩得開心，而且當我們自己動手做時，就不像高高在上的貴婦了。儘管我不再年輕，我仍然很愛玩。」太后會首先品嚐我們方才做的菜，再讓我們所有人品嚐，她問：「你覺得這道菜比廚師們準備的好吃嗎？」我們都說很好吃。因此，宮中的日子雖然漫長，我們的生活卻充滿樂趣。

有趣的光緒皇帝

我每天早上都會見到光緒皇帝，每當我有空時，他總是會問一些英語單詞，得知他也知道很多字的拼法，我感到很驚訝。我發現他實在是太有趣了，他的眼神富於表情。當他單獨和我們在一起時，他是完全不同的人，他會大笑和嘲弄我們，但是只要在太后面前，他就會顯得很嚴肅，彷彿憂慮至極的樣子。有時他看起來很愚蠢，許多在不同場合見過他的人告訴我，他看上去並不聰明，他永遠不開口說話。我知道的更多，因爲我以前每天都見到他，我在宮中有很長的時間得以了解他。我發現他是全中國最聰明的人之一，他是一位一流的外交官，並且頭腦聰明，只是他沒有機會一展長才。很多人都問過我，我們的光緒皇帝是否有任何勇氣或智慧，當然，外人不知道中國人的規矩有多嚴格，以及我們必須如何地孝順父母，由於這些規矩，他被迫放棄很多事情。

我與他進行了很多次漫長的交談，發現他是一個聰明的人，而且耐性十足，但他的生活並不愉快，而且從小身體就不太好。他告訴我，他從沒讀過什麼文學作品，但那對他來說輕而易舉。他是一位天生的音樂家，不用努力學習就能演奏任何樂器，他熱愛彈鋼琴，一直追著要我教他。朝殿裡有幾架漂亮的平台鋼琴。他對外國音樂也很有品味，我教了他一些簡單的華爾茲舞曲，他的節奏抓得很好。我發現他是個好伴侶和好朋友，他向我傾訴並告訴我他的煩惱和悲傷。我們談論了很多關於西方文明的事，令我驚訝的是，他對每件事都非常了解。他曾經一次又一次地告訴我他對祖國的抱負，他愛他的子民，在發生飢荒或洪水時他會竭盡所能幫助他們，我注意到他非常憐憫這些子民。

我知道有些太監對他的性格作了不實的報導，例如他很殘酷等等，我進宮之前也聽過同樣的話。他對太監很友善，但主人和僕人之間總是有距離的，除非他主動跟太監說話，否則他絕不會讓他們與他交談，也永遠不會聽任何八卦。我在那裡住得夠久，我知道那些太監是何等無情之人，他們根本不尊重主人，他們來自本國社會的最底層，沒有受過教育，沒有道德意識，對任何事物都沒有感覺，甚至對彼此之間也沒有感情。外界已經聽過許多不利於光緒皇帝的事情，但我向讀者保證，這些事情是由太監告訴他們家人的，想當然耳，他們在聊天時，爲了使談話有趣，會將故事不斷傳播出去，居住在北京的大多數人都是通過他們獲得各種訊息，我居住在宮中這段期間多次見證這樣的事。

太監與烏鴉

某天下午，太后正在午休的時候，我們聽到了可怕的聲音，聽起來就像放鞭炮一樣，這樣的聲音在宮裡是極不尋常的，因爲這類物品不允許帶進宮中。太后當然也醒了，幾秒鐘後，每個人都激動地來回奔跑，彷彿房子失火了，太后下令要求太監冷靜，但是沒有人聽她的話，仍然大聲喧譁，像瘋子一樣大聲喊叫和奔跑。太后大怒，命令我們把黃色的袋子拿給她，（我必須解釋一下這個袋子，它是用普通的黃布製成的，裡面裝有各種大小的竹棍，用來毆打太監，婢女和老婢。）太后走到哪，黃袋子就跟到哪，以便於在緊急情況下使用，我們每個人都知道這個袋子放在哪裡。太后命令我們從袋裡拿出所有的棍子，到庭院裡去打太監，看到所有宮女和婢女都拿著棍子試圖分開激動的太監，眞是太可笑了，至少我覺得太有趣了，所以我忍俊不住，我發現其他人也在笑。太后站在遊廊上看著我們，但是她離得太遠，看不清楚，而且聲音太吵，我們知道她聽不到我們的笑聲。我們盡力將這群太監隔開來，但我們笑到沒有足夠的力氣打傷他們其中的任何一個。突然，所有的太監都安靜下來停止講話，因爲其中一個看見總管太監李連英還有他的隨從朝向他們走去。他們每個人都嚇壞了，像雕像一樣站在那裡，我們也停止了笑聲，每個人都握著棍子轉身朝著太后走去。李連英本也在小憩，聽到聲響便詢問發生了甚麼事，並稟報太后。

似乎是其中一位年輕的太監抓到了一隻烏鴉，（太監討厭烏鴉。牠們被認爲是不祥的鳥，但中國人又稱太監爲烏鴉，因爲人們不喜歡他們，這就是太監討厭烏鴉的原因。）他們總是設陷阱捕捉烏鴉，然後在牠們腿上綁上一隻巨大的鞭炮，點火之後放飛這些不幸的小鳥。很自然地，可憐的鳥兒會很開心地飛走，待到粉末在高高的空中爆炸時，鳥兒就會被炸成碎片。看來這不是太監第一次玩這種殘酷的遊戲。有人告訴我，太監喜歡鮮血和酷刑，出現這種場面的時候，他們總是邀請別人一起喝酒慶祝。這等殘酷的活動都是在朝殿牆外完成的，但是那天烏鴉在太后睡覺時朝著她的宮殿飛去，在經過庭院時，粉末就爆炸了。

當總管太監告訴太后發生什麼事之後，她非常生氣，下令將這個年輕的太監帶進來在她面前接受懲罰。我看到總管太監的一位隨從將罪魁禍首從一群太監中拉出來，總管太監立即下令將這個人放倒在地上，兩個太監站在他的兩側，用兩根很粗的竹棍打他的腿，一次打一邊。在此過程中，受害者一言不發。總管太監持續數數，直到這個人被打了一百次，他才下令停止。接著他跪在太后跟前等待她的命令，同時不停叩頭，直到他的頭在石階上發出響聲，他請求因他的粗心和疏忽而受罰。太后說這不是他的錯，並命令他將這名驚動懿駕的冒失鬼帶走。在這段期間，冒失鬼仍趴在地面上，不敢動彈，兩個太監一人抓住一隻腳，將他拖出庭院。我們所有人都很害怕，甚至害怕自己的呼吸太大聲，因爲擔心太后會說我們在目睹這種懲罰時假裝嚇壞了。當懲罰結束，我們離開之後，我們會在一起閒聊她有多殘酷。沒有人對發生的事感到驚訝，因爲我們幾乎每天都能看到這樣的情景，並且也已經習慣了。我曾經可憐過他們，但是我來到宮中沒多久就改變了想法。

真蠢的婢女

我第一個見到的受罰的人是一個婢女，她爲太后帶來了兩隻不能湊成一雙的襪子，太后發現之後，命令另一個婢女在她的每一邊臉頰上各打十次耳光。這個女孩打得不夠用力，所以太后說她們都是好朋友，不聽從她的命令，她因此要被打耳光的人打另一個人耳光。我覺得這太好笑了，很想放聲大笑，但我當然不敢。那天晚上，我問那兩個女孩，對於打彼此耳光，她們感覺如何，我之所以問她們，是因爲她們離開了太后的寢室之後，立刻像平常一樣大笑與開玩笑。她們告訴我那沒什麼，她們已經很習慣了，從來不爲這等小事而煩惱。反倒是我也很快就習慣了，和她們一樣麻木無情。

現在談談婢女，這群人比太監好多了，她們是滿族士兵的女兒，必須在皇宮裡伺候太后十年，才能被放出去結婚。有一位在我進宮一個月後就結婚了，太后給了她一筆五百兩的小錢。這個女孩跟太后很親密，以至於離開宮裡時，女孩十分依依不捨。她是一個非常聰明的女孩，名叫秋雲，太后賜給她這個名字，是因爲她的外表非常嬌弱與苗條。在我們短暫相處的這一段時間內，我非常喜歡她，她告訴我在宮裡不要聽任何人的八卦，她也告訴我，太后說她非常喜歡我。

農曆三月二十二日那天，她離開了宮殿，我們都爲了她的離去而感到難過，太后直到她離開後才意識到自己有多麼想念她，後來的幾天，太后處處找麻煩，每件事都不對。沒有秋雲，不管怎麼做，太后都不滿意。其餘的婢女都很害怕，竭盡全力取悅太后，但是她們做不到，所以我們不得不幫她們忙，分擔一部分工作，以免讓太后感到緊張，不幸的是，她阻止了我們，她說：「你自己的工作很多，我不希望你幫助婢女，你這麼做一點兒也不會讓我開心。」她看出我不習慣她的方式，因爲她說話很刻薄，所以她微笑著對我說：「我知道你很想幫助她們，以免惹惱我，但這些婢女非常狡猾，她們並不是做不來自己的工作，她們很清楚，我總是選擇聰明的人在我的寢室裡伺候我，而她們不想被選中，所以她們假裝自己很蠢，讓我生氣，以便我派她們去做普通的工作。太監更糟，他們都害怕取代秋雲的位置。現在我發現了他們的想法，從現在起，我只會讓那些愚蠢的人伺候我。」有那麼一瞬間，當我看到她們表情嚴肅的時候，我幾乎笑了出來，我認爲這些人是眞的很蠢，而不是懶惰，但我每天都與她們打交道，發現她們都過得很好。

太監則似乎根本沒有任何頭腦，他們怪裡怪氣，對一切都很麻木，整天情緒都沒有任何變化——我應該說他們都很冷酷無情。每當太后下達命令時，他們總是說「嗻」，但當他們到達我們的值班房時卻互相問道：「太后下了甚麼命令？我已經全忘了。」太后下令時，我們當中有人剛好在場，他們就會來找其中一位：「請告訴我們命令是甚麼，太后說甚麼我壓根沒在聽。」我們就會大笑並嘲笑他們，我們知道他們不敢回頭問太后，當然我們也只得告訴他們。一位負責起居注的太監必須寫下當天所發布的所有命令，因爲太后想保留所有記錄。有二十位太監受過教育，他們學識出眾，任何時候太后詢問有關中國文學的問題，他們都必須回答，而她本人中國文學的知識也很豐富。我注意到，如果有人無法回答問題，或者知道的比她少，她都會感到非常高興，取笑他們會讓她開心。太后也非常喜歡嘲弄別人，她知道宮女沒有甚麼文學內涵，因此她曾經嘗試問過我們。不管是否回答了她的問題，我們一定得說些甚麼，她聽了就會大笑。

有人告訴我，太后不喜歡任何人太機靈，但她也不能忍受愚蠢的人，所以我很緊張。在那裡的前三週，我不知道該怎麼做，但是了解她並沒有花去我太多時間。她當然欽佩聰明的女孩，但她不喜歡那些表現得太聰明的人，這就是我贏得她芳心的方式。每當我和她在一起時，我都會全神貫注在她身上，眼睛仔細地看著她（不要凝視，因爲她討厭那樣），並且總是正確地執行命令。我注意到另一件事，就是每當她想要人家拿給她任何東西，例如香煙、手帕等，她只會看那樣物品，然後看當時碰巧在那兒的任何一個人。（房間裡總是放著一張桌子，她一天所需的一切都放在那張桌子上。）習慣了她的作法之後，只是看著她的眼睛，我就可以在短時間內知道她想要什麼，很少弄錯，這點讓她很高興。她很有主見，一直以她認爲正確的方式行事，並對自己充滿信心。有時候她看上去很難過，情緒激動，然而她意志堅強。她可以很好地控制自己，但她還是喜歡別人同情她——但要通過行動而不是言語，因爲她不喜歡任何人知道她的想法。我敢肯定，我的讀者會認爲成爲慈禧太后的御前宮女是多麼困難的一件事，但剛好相反，我非常享受，因爲她是如此有趣，而且我發現她並不是那麼難以取悅的人。

祈雨

農曆四月初一，太后擔心降雨不足，之前十天，她每天都在朝會時於大臣面前祈雨，但沒有任何結果。當天我們每個人都非常安靜，太后那天甚至沒有下達任何命令，也沒有對任何人說話。我注意到太監很害怕，所以下午我們沒有吃午餐便去伺候她了，那天早上我很努力，也很餓——實際上所有宮女都是如此。我爲太后感到難過。最後她告訴我我可以走了，因爲她想休息一會兒，所以我們回到了自己的房間。我問我們的王太監，爲什麼太后擔心下雨的事，因爲那時每天都是好天氣，他告訴我，老佛爺爲貧窮的農民感到擔憂，太久沒下雨，他們所有的農作物都死了。

王太監還提醒我，自從我住到宮裡之後，沒有下過一次雨，我這才意識到自己進宮已經長達兩個月又零七天了。另一方面，我感覺我來這裡的時間似乎更久，因爲生活非常愉快，太后對我也很友善，好像她已經認識我很多年了。太后那天晚餐吃得很少，到處都沒有聲音，每個人都保持安靜。皇后要我們快點兒吃，這使我感到困惑。當我們回到值班房時，皇后對我說，太后非常擔心可憐的農民，她會祈雨，並停止吃肉兩三天。當天晚上，太后就寢前，她下令禁止在北京城門內宰殺任何豬隻，其原因是，犧牲自己不吃肉，眾神會憐憫我們而下雨。她還下令每個人都應該淨身潔口，爲的是徹底除穢，以準備齋戒，向眾神祈禱。另外，皇上還要去紫禁城內的金壇參加祭祀儀式，他不可吃肉或者與任何人交談，並請求諸神寬大仁慈，爲貧窮的農民下雨。光緒皇帝會佩戴一塊約三英寸見方的玉牌，上面刻有用滿文與漢文寫的「齋戒」一詞（意義跟他去金壇做的事一樣，就是不吃肉而且每天祈禱三遍），所有與皇上同行的太監都會戴著相同的牌子，當時的想法是用玉牌提醒人們認眞對待儀式。

第二天早上，太后很早就起床，命令我不要帶任何珠寶給她。她匆忙打扮，早餐吃得很簡單，只有牛奶和饅頭，我們自己的早餐則是把包心菜和白飯煮在一起，只加了少許的鹽，吃起來淡而無味。太后除了下命令之外，完全不與我們講話，因此，我們當然保持安靜。太后穿著一件淺灰色的長袍，作工很簡單，沒有任何刺繡或裝飾，她穿著灰色的鞋子來搭配，更不用說她的手帕也是灰色的了。我們跟著她走進大廳，一名太監拿著很大一支柳條跪在那兒，太后摘下柳條上的一小撮葉子黏貼在她的頭上，皇后也這麼做，並要我們照著做，光緒皇帝則拿起樹枝插在帽子上，之後，太后命令太監和婢女們做同樣的事情。這是一個很好笑的景象，每個人的頭上都掛著一堆葉子，看上去眞的很奇怪。

總管太監前來跪在太后面前，說一切就緒，可以到她宮殿前的小亭子裡舉行儀式了，她說她想用走的，因爲她要祈禱。我們只花了幾分鐘就穿過庭院，當到達這個亭子時，我注意到亭子中央放著一張大方桌，桌上擺著幾張大黃紙和一塊玉硯，其中塡著朱砂粉末而非墨水，還有兩支小小的毛筆，同時，桌子的兩邊各放一對大瓷瓶，裡面放著兩支大柳條。當然我們不准說話，但是我很好奇，想知道爲什麼每個人都必須把柳葉貼在頭上。太后的黃色綢緞坐墊放在這張桌子的前面，她站在那兒拿了一塊檀香，放到裝滿燒紅煤炭的香爐裡，皇后低聲對我說，過去幫太后燒檀香，我放了幾塊，直到她告訴我夠了。

接著太后就跪在墊子上，皇后跪在她身後，我們則在皇后後邊排成一列跪了下來，祈禱開始。皇后那天清晨時就教我們如何說禱文：「我們敬拜上天，懇求所有神佛憐憫我們，拯救可憐的農民免於飢餓，我們願意爲他們犧牲，祈禱上天降雨給我們。」我們重複了同樣的禱文三遍，鞠躬三遍——總共九遍。在那之後，太后參加了平日的朝會，但那天早上舉行的時間比平時要早得多，因爲太后將於中午回到紫禁城。光緒皇帝正在紫禁城祈禱，不論他到哪兒，太后都想跟著。朝會於上午九點結束，她命令我這次不要帶任何珠寶到紫禁城去，因爲她完全不需要。我去了珠寶室，把所有東西都鎖起來，將鑰匙密封在一個黃色的信封裡，然後把這個信封跟其他信封混在一起交給負責這些事情的一個太監。

我們打包了所有她喜歡的東西，她的袍子是最重要的物品，她有很多件，但不可能全部帶走。我注意到，照料她袍子的宮女是我們當中最忙的，她必須選擇足夠穿上四到五天的袍子，她告訴我她選擇了大約五十件不同的袍子，我告訴她，老祖宗可能會在紫禁城停留四到五天，但她不需要那麼多袍子。她說帶多一點兒比較安全，因爲很難確定太后當天想穿甚麼。在宮裡收拾行李非常簡單。太監帶來了許多黃色的托盤，這些托盤由木頭製成，塗成黃色，平面大約五英尺乘四英尺，高一英尺，我們在托盤中放了一條黃色的大絲綢包巾，然後放上袍子，並用一件黃色厚布蓋上。一切都以相同的方式打包，我們花了兩個小時才收拾了五十六個托盤。這些東西由太監拿著走在前頭，接著，光緒皇帝、皇后和所有宮女都必須跪在地上，讓太后的鑾轎通過宮門，然後我們便去找自己的轎子。

隊伍像往常一樣壯盛，士兵們在她的轎子前穩步前行，四名年輕的宗室子弟在她的兩邊騎著馬，四十到五十個太監也在她的後面騎著馬，他們都穿著正式的服裝。皇上和皇后的轎子與太后的顏色相同，皇上的妃子乘坐的是一頂深黃色的轎子，宮女的轎子則是紅色的，由四位轎夫所扛，而不像她們的主子一樣乘坐八人大轎。我們自己的太監也在我們身後騎馬。我覺得我們走了很長一段時間，直到我注意到皇上的轎子從鋪滿石頭的路往下走，我們所有人都跟著他這樣做。太后的轎子仍然向前直行，而我們則是抄一條近路到達萬壽寺，以等待太后的到來。我們從轎子上下來之後，立即開始準備太后的茶和小點心。太后抵達之後，我幫助她下轎，並扶著她的右臂登上台階。太后坐在寶座上，我們在她面前擺了一張桌子，我妹妹給她遞了茶，（慣例是，如果她去任何地方或在節慶期間，是我們而不是太監，必須為她帶來所有的東西。）我們把所有的精緻小點放在她面前之後就去休息。從頤和園到紫禁城的途中，太后總是停留在這座寺廟裡。

第十章　皇后

每天祈禱二十次

當我坐在轎子上時，我想到了很多事情。這是個晴朗的日子，可我爲太后感到難過，因爲那天她分外安靜。通常她很開心，並且使每個人都與她一起開懷大笑。我也想到柳條，但實在不懂它的意思。我在太后與皇上共進晚餐時走出宮殿，發現皇后和幾位宮女坐在庭院左側的一間小房間裡，當她們看到我時，她們示意讓我過去那裡，此時她們正在喝茶，皇后對我說：「你一定累了也餓了，過來坐在我旁邊喝杯茶吧。」我向她謝恩之後，坐在她旁邊，談到在路上看到的東西，以及我們如何享受這段漫長的路程，她說：「我們到達紫禁城之前還有一個小時的路程。」她還談到了我們當天早晨舉行的儀式，並說我們都必須認眞祈雨。我等不及了，所以我問她那些柳條意味著什麼，她微笑著對我說，佛教徒相信柳樹可以帶來雨水，在祈雨時佩戴柳葉是宮廷裡的古老習俗。她還告訴我，我們必須每天早晨執行相同的儀式，直到下雨爲止。

我們聽見太后在庭院裡聊天，知道她已經吃完午飯了，於是我們和皇后一起進去，像往常一樣吃剩下的東西。我發現這些食物眞好吃，儘管沒有肉感覺很奇怪。我們走去院子裡，看到太后正在往來踱步，她對我們說：「坐在轎子上，我的腿都僵硬了，在離開之前我得走一走。你們都累了嗎？」我們告訴她不累，所以她命令我們與她一起走走，太后在前，我們在後，我們就這樣來來回回地走動，看起來眞的很有趣。太后轉過身對我們微笑說：「我們就像在馬廄裡轉圈的馬一樣。」她這麼說使我想起了馬戲團。

此時，李連英過來跪下說，現在是太后離開的時候，爲的是在她選擇的吉時到達紫禁城，所以我們離開了萬壽寺。所有的轎子都快步前行，一個小時後，我們就來到宮門附近，我們跟著皇上的轎子走捷徑。我看到大門敞開，太后、皇上和皇后的轎子先進去了，但我們必須下轎走進去，裡邊有小轎子在等我們。正如我之前解釋的那樣，這些小轎子由太監扛著，肩上繫著繩子。

我們來到了朝殿的庭院，皇上和皇后在這裡等我們。一如往常，皇上跪在前面，皇后跪在他身後，我們則在她身後跪下，等待著太后來到她的宮殿。接著，太后進入宮殿，太監在她到達之前很早就把所有東西都整理好了。隨後，我們在下午和晚上都舉行了儀式。等到太后就寢後，我們回自己的房間，發現一切都布置妥當，我們的太監已經整理好床鋪了。有他們做這些事眞是太好了，因爲我們根本無法完成這些工作，我好累，四肢僵硬，一躺到床上馬上睡著，完全不知道自己睡了多久，直到聽到有人敲我的窗戶。我起身把窗簾拉開，注意到天空看起來暗淡無光，我想這應該是個陰天，我很高興，還以爲可能會下雨，這樣太后就能鬆一口氣。我匆匆穿好衣服，但令我非常失望的是，我看到了對面窗戶上的陽光。

紫禁城的宮殿是如此古老，並且以一種奇怪的方式建造，庭院很小，長廊很寬，所有房間都很黑，沒有電燈，我們得使用蠟燭，除非進入庭院裡抬起頭來，否則看不到天空。我發現自己在太陽升起之前已經起床了，只是還沒有完全醒來，朦朧之間我以爲天空烏雲密布。我到達太后的宮殿，看見皇后已經在那裡了。她一直是第一個到的，而且看起來總是那麼整齊乾淨，我常想她得多早起床。她說我沒有遲到，儘管太后已經醒了，但是還沒有起床。我走進她的寢室，照例向她請安，她問我的第一件事是天氣，我必須告訴她眞相——沒有下雨的跡象。太后起床，穿好衣服，像往常一樣吃早餐，並告訴我們那天早上沒有朝會，皇帝去天壇祭祀，沒有什麼重要的事需要注意。我們連續祈雨三天，但都沒有下雨，我發現太后萬分沮喪，並命令我們每個人每天祈禱二十次。每次祈禱時，我們就用朱紅色的粉末沾一點水在大黃紙上作一次記號。

農曆四月六日，天空烏雲密布。那天早上我跑到太后的寢室告訴她這個消息，但發現有人已經告訴過她了。她微笑著對我說：「你不是第一個告訴我這個好消息的人，我知道你們每個人都想成爲那第一個人。今天我非常疲倦，想在床上躺久一點，你可以走了，當我準備好要起床時，我會叫你過來。」當我找到皇后時，我也在那兒找到所有宮女，她們都問我是否注意到已經開始下雨了。我們走出值班房，發現院子是濕的，過了一會兒很快就下起雨來了。太后與我們照常祈禱。幸運的是，雨並沒有停，而是一整天的傾盆大雨。

太后一個人用多米諾骨牌玩單人紙牌遊戲，我站在她的椅子後面看著她。我看到皇后和所有女孩都站在長廊上，太后也看到了她們，她對我說：「去叫她們在值班房等，她們沒看到長廊是濕的嗎？」於是我出去找她們，但是在我開口說話之前，皇后就告訴我值班房是濕的，水已經流進去了。正如我之前所說，這座建築非常老舊，完全沒有下水道，太后的宮殿很高，有十二級台階那麼高，而我們的值班房雖然就在她宮殿的左側，但正好建在地面上，完全沒有高起的地基。我只在長廊上聊天聊了幾分鐘，立刻就濕透了，太后敲了敲玻璃窗，叫我們進去。

現在容我解釋一下，除非我們有工作要做或值班，否則沒有她的命令，即使是皇后也無法進入她的宮殿。太后那天很高興，她笑著說，我們看上去好像剛從湖裡拉出來一樣。皇后穿著淡藍色的長袍，頭飾上的紅色穗子滴下紅水，流得她滿袍子都是，她微笑著對我們說：「看看那些女孩，她們的袍子都被淋壞了。」在我們說話的時候，太后下令我們都去換衣服。

她們走了之後，我回到太后身邊，她看著我說：「你身上也濕了，只是你的衣服看不出來。」我穿著一件很平整的喀什米爾羊毛連衣裙，她撫摸著我的手臂說：「你真的濕透了，你最好去換件衣服，穿一件厚一點的。我覺得洋裝穿起來一定很不舒服，腰太緊了，在我看來這和身體其他部分不成比例。我相信你穿著我們的旗袍，會看起來更漂亮。我想讓你換上滿族服飾，把巴黎的服裝作爲紀念品留下來。我只想知道外國女士是如何打扮的，現在我已經看得很夠了。下個月就是端午節了，我會爲你準備一些漂亮的袍子。」

我跪在地上叩謝她，告訴她我很高興能換上旗袍，但是在國外生活了這麼多年，我一直做西式裝扮，所以我沒有縫製任何旗袍。我們進宮之前本來計畫要換穿旗袍再進宮，但我們收到老祖宗希望我們穿外國服裝的命令，因此，當她要我穿旗袍時，我感到非常高興。

我想穿旗袍的原因有很多。首先，宮女起初將我們視爲外人。其次，我知道太后不喜歡外國服飾。此外，我們住在北京皇宮時感到非常不自在，所以下定決心要穿旗袍，這是最適合在宮中穿著的服裝了。我們有很多工作要做，而且大多數時候必須站起來，所以寬鬆的衣服是必要的。太后命令一位太監帶上她的一件衣服供我試穿，於是我回到自己的房間，脫下我的濕衣服換裝，我試穿了她的袍子，但對我來說太寬鬆了，不過長度很合適，袖子大小也很剛好。太后讓一位太監寫下我的尺碼，以便爲我製作一件袍子，並說她確定這將會很適合我。她也爲我的母親和妹妹量寫尺寸，並下令立即製作我們的袍子。我知道她很高興，因爲她告訴我哪種顏色最適合我，她說我應該穿粉紅色和淡藍色，這也是她最喜歡的顏色。她還談到了我們的頭飾，並下令製作與其他宮女相同的頭飾。她對我說：「我知道你可以穿我的鞋子，因爲在你來的第一天我就試過你的鞋子，你不記得了嗎？我必須選擇一個好日子讓你再次成爲滿人，」她笑著說：「從此以後再也沒有洋裝了。」

她把選擇黃道吉日的曆書拿去研究了一會兒，說那個月的十八日是最好的。總管太監李連英知道如何取悅太后，他表示會吩咐下去，在那一天爲我們準備好一切。太后告訴我們頭髮要怎樣梳理以及應該戴什麼樣的花，事實上，她很開心地安排我們成爲滿人的儀式，不久之後她就讓我們跪安退下了。此後雨下了連續三天，到了第三天，皇上回來了，所有儀式也都停止了。太后不喜歡待在紫禁城裡，我並不驚訝，因爲我也討厭這個地方，我們一大早換衣服的時候就得點蠟燭，因爲即使在下午的時候，房間也極度昏暗。雨下得實在太大，但太后終於說，無論是否下雨，她第二天都要回到頤和園，我們都很高興。

我們在初七回到了頤和園，天氣沉悶，但沒有下雨。我們打包所有的東西，方式跟來紫禁城的時候一樣，然後在萬壽寺停下來吃午餐。那天我們又開始吃肉了，我注意到太后吃得津津有味，她問我是否喜歡吃那些素食，我告訴她，雖然沒有肉，每樣食物都做得很好吃，我非常喜歡。她告訴我說，那種食物她吃不了也不喜歡，如果不是爲了祈雨祭天，她也不會齋戒。

外國公使團夫人的花園派對

農曆四月舉行了今年的第一次花園派對，是慈禧太后爲駐華公使團的夫人們所舉行的，今年太后希望與往常的習慣做出一些區別，下令在花園中布置類似市集的攤位，在上面擺放古玩、刺繡作品、鮮花等等，這些都是作爲禮物送給客人的。來訪的嘉賓有：美國公使的妻子康格夫人（Mrs. Conger），美國使館中文秘書的妻子威廉斯夫人（Mrs. Williams），西班牙公使的妻子德卡爾瑟夫人和女兒德卡爾瑟小姐（Madame and Mademoiselle de Carcer），日本公使的妻子內田夫人，日本使館的幾位女士，葡萄牙代辦的妻子阿爾梅達夫人（Madame Almeida），法國使館秘書妻子坎恩夫人（Madame Cannes），幾位法國軍官的妻子，英國使館一等秘書的妻子蘇珊．湯利夫人（Lady Susan Townley），德國使館的兩位女士，幾位德國軍官的妻子，以及幾名海關官員的妻子。爲了這次的宴會，太后選擇了最漂亮的孔雀藍長袍，上面繡滿立體的鳳凰，每隻鳳凰嘴中縫有兩英寸長的珍珠串。每當太后挪動身體時，這些細小的珍珠串就會前後晃動，閃耀奪目。當然，她像往常一樣，在頭髮上戴起玉鳳凰，並搭配用相同的圖案繡製的鞋子和手帕。我母親穿著一件淡紫色的絲質禮服，以銀色穗帶滾邊，帽子是同色系的，搭配著相襯的羽毛。妹妹和我穿著淡藍色的絲綢禮服，織入愛爾蘭刺繡的大圓形圖案，並用小小的天鵝絨緞帶滾邊，且戴著有大朵粉紅玫瑰的藍色帽子。所有宮女都穿著最亮麗的袍子，看著她們的隊伍走進朝殿是一幅非常賞心悅目的景象。

太后那天早上心情極為愉悅，她對我們說：「不知道我穿上洋服看起來如何，我的腰很細，但是穿這種寬鬆的旗袍卻看不出來，我想我不會也需要把自己束得很緊，但我認為世界上沒有比我們的旗袍更美的衣服了。」

皇室成員首先接待了來賓，他們陪同為首的奧地利公使茲坎男爵（the Doyen, Baron Czikann）以及每個使館的通事。進入朝殿時，所有客人排成一列，茲坎男爵向皇室成員致辭，內容先翻譯給慶親王聽，後者再將其傳達給皇上，皇上用中文做出適當的答覆之後，再由男爵的通事翻譯。其後，男爵由台階步上高壇，與皇室成員握手，其餘來賓則依次出現。我站在太后的右邊，當每位客人站出來時，我就喊出他們的名字和他們所代表的使館。太后為每個人說了幾句話，當她看到一張新面孔時，她會問他們在中國待了多久，他們喜不喜歡中國等等。所有的對話都是由我為太后翻譯的。當客人行禮完畢之後，他們就會走到旁邊去，站在大殿裡，直到所有的人都到齊。

通事們不參加這個儀式，但一直站在大殿裡直到結束，然後由慶親王帶到宮殿的另一個地方，為他們提供茶點。他們出去之後，皇室成員從高壇上走下來，與來賓站在一起。

現在正式儀式結束了，椅子便挪進來讓大家坐著，每個人都放鬆自在了。太監送上茶水，交談幾分鐘之後，除了太后、皇上、皇后和妃子之外，我們都移步到點心室去。在太后缺席的情況下，慈禧太后的養女榮壽固倫公主便是女主人，康格夫人坐在她的右邊，西班牙公使的妻子德卡爾琵夫人在她的左邊。食物全是中國菜，但提供刀叉讓客人使用。在午餐宴席上，榮壽固倫公主站了起來，說了幾句歡迎的話，我將其翻譯成英文和法文。午餐結束後，我們轉換場地到太后所在的花園，太后正在等我們，一支銅管樂隊在演奏歐洲音樂。

太后帶頭逛花園，途中經過各個攤位，女士們便停下來欣賞不同的玩意兒，這些東西之後會作爲宴會的紀念品送給她們。抵達在花園裡架起的茶棚後，每個人都在那兒休息並喝茶，然後，皇室成員跟大家說再見，客人們乘坐轎子離開。

像往常一樣，我們向太后報告發生的所有事情以及來賓遊玩的情況，她說：「這些外國女士的腳怎麼這麼大？她們的鞋子像小船，而且她們走路的方式很可笑，我說不出讚美的話。我還沒有見過哪一個外國人的手是漂亮的。儘管她們有著白皮膚，她們的頭上滿是白髮。你認爲她們很漂亮嗎？」我回答說，我在國外時曾見過一些很漂亮的美國人，太后說：「無論她們多麼美麗，她們的眼睛都很醜陋，我受不了那種藍色，它們使我想起了貓。」再評論幾句之後，她說我們一定累了，命令我們跪安，我們眞是有點兒累了，很高興能夠休息，所以行禮退下了。

出宮回家的規矩

我們進宮已經兩個多月了，我根本沒有機會見到當時已然病重的父親，我們不知道是否可以向宮裡請假。我每天都收到父親的來信，告訴我要勇敢並履行職責。我母親問皇后是否可以請求太后准許我們回家一兩天，皇后說我們完全可以這麼做，但是她認爲，最好等到初八以後，因爲那天有一場宴會。

每年農曆四月初八是浴佛節，有吃青豆的儀式。在佛教的信仰當中，人的來世根據生前的行爲而畫分階級，也就是說，善人過世後會升天，而惡人則會到地獄受苦。太后會在宴會上對她喜歡的人送一盤豆子，每個盤子裡裝著八顆青豆，我們必須把它們吃掉，皇后告訴我，如果我向太后贈送一盤青豆，她會很高興的，於是我照做了，這就是結緣豆，意味著：「願我們生生世世永不分離」。

太后那天很高興，我們去了西湖，在那裡吃了午餐，太后與我們聊到我們進宮的第一天，然後對母親說：「我想知道裕庚身體是否好了點，他什麼時候可以進宮？自從他從法國回來以後，我再也沒見到他了。」（我父親由於身體不好而向宮裡請了三個月的假。）我母親回答說，他感覺好些了，但是他的腿仍然很虛弱，不大能走路。太后於是對我們說：「哦，我忘了告訴你們，如果想回家，取得同意就可以。我最近很忙，忘了提醒你們。」我們向她謝恩，並告訴她我們想回家看看父親的情況，所以她下令我們隔日離開宮中。接著她問我想在家裡待多久，當然我知道慣例，我說我在等她的命令，她說：「兩三天夠嗎？」我們告訴她，這對我們來說很夠了。當太后向我們提及這件事時，我感到非常驚訝，很想知道是否有人告訴她我們的想法，或者她懂得讀心術。

當她午休時，我去見了皇后，她總是非常友善，讓我坐在她旁邊，她的太監給了我一杯茶。她的房間佈置與太后完全一樣，一切看上去都很精緻，而且瀰漫著很香的氣味。我們談論了宮廷的生活很長一段時間，她告訴我她非常喜歡我們，太后也是如此。我告訴她，太后提到讓我們回家兩三天，看到她如此體貼，我大感驚訝。她說，有人提醒太后讓我們回家，因爲我們在宮裡已經待了兩個多月。我後來發現，正是總管太監李連英聽說我們很著急。

皇后對我說：「我要讓你知道，你得放聰明一點兒，我說的是，太后下令明日出宮，但是她沒有提到任何特定時間。你不得與任何人談論此事，也不要表明你很高興能回家。明天不要穿得像要出門那樣，而是要自然而然地工作，就好像根本不在乎。萬一她忘了，你不要提醒她，而且第二天就要回來，這是慣例，表示你急著要見到太后，因此你要比約定的時間早一天回來。」

我很高興得到這個訊息，並問她當我們回宮時帶些禮物給太后可以嗎？她說這麼做很好。第二天我們做同樣的工作，照例跟太后去朝殿，朝會結束後，太后下令在茶坊提供午餐。這是一間鄉村風格的茶坊，位於她開滿牡丹花的山頂上，用竹子和稻草建造而成，所有家具也都是竹編的，製作得非常漂亮，窗框雕刻成一排壽字和蝴蝶，掛著粉紅色的絲綢窗簾。這座精緻小屋的後面是竹亭，用欄杆圍起，亭上掛著紅色的絲綢燈籠，座椅緊依著欄杆，因此可以舒服地坐在上面，原先是用作宮女的值班房。

午飯結束後，我們與太后擲骰子，玩了很久，那天我贏了比賽。太后笑著對我說：「今天你很幸運。我想你很高興能回家，神明幫助你贏得比賽。」正如我之前提到的，這個遊戲稱爲「八仙過海」。「我認爲你現在該走了。」在說這話的同時，她轉身問一個太監現在幾點了，他回答說是兩點半。我們向太后叩頭之後，站著等待其他的命令，接著她說：「雖然我知道你兩三天之內就會回來，你走了我還是很難過，我知道我會想念你的。」她對我母親說：「叫裕庚照顧自己的健康，早日康復。我已命令四個太監陪伴你們，並爲他送了一些我自己的米。」我們再次叩謝太后的仁慈與恩惠，最後她說：「你們走吧。」

我們退下，看到皇后站在遊廊上，我們向她行禮，對宮女們說再見，然後來到我們的房間，準備動身。我們的太監很好，爲我們準備好一切，我們給了每位太監十兩銀子，那是慣例，還有宮中每位扛轎的四兩銀子。當抵達宮殿大門時，我們的轎子正在等著，我們向太監告別，奇怪的是，他們似乎捨不得我們，要我們盡快回來。有四個太監在那裡，太后下令要他們跟我們一起回家，當我們在轎子上時，我看到他們在我們旁邊騎著馬。對我來說，在宮裡度過的兩個月似乎就像是一場夢，我必須說，我很難過我得離開太后，但與此同時，我也非常想見我的父親。我們歷經兩個小時的路程後回到家，發現他看起來好多了，可以想像他見到我們有多高興。四個太監來到我家正廳，把黃色的米袋放在桌上，我父親叩頭感謝太后恩典，我們給了這些太監禮物之後，他們就離開了。

影響太后進行改革

我告訴父親關於宮中的生活，以及太后對我的友善。他問我是否有一天可以影響太后進行改革，並希望他能活著看到那一天，不知道哪來的勇氣，我覺得可以，我向他保證我會盡力而爲。

太后第二天早晨派了兩個太監去見我們，還送了我們食物和水果。他們說太后想念我們，並問我們是否想念她。我們告訴這些太監，我們第二天就要回宮了。我們只在家裡待了兩天，有很多人來看我們，讓我們整天都很忙。我父親建議我們應該凌晨三點就離開，以便在太后起床之前到達頤和園。就像在兩個月前一樣，我們在一片漆黑的凌晨三點離家，這改變眞是太大了。我覺得我是世界上最幸福的女孩，許多人，包括皇后，告訴我，太后非常喜歡我。我曾聽說她根本不喜歡年輕人。儘管我很高興，但我注意到有些宮女不喜歡我，在很多場合，她們不告訴我太后想要怎麼做，這讓我感到很不舒服，每當太后對我母親說她喜歡我的時候，她們就笑了出來。因爲這樣，在做任何取悅她的事情時，我總是小心謹愼，因爲我知道我會一直見到那些人，然而，我下定決心要獨自戰鬥下去，我只希望自己能成爲太后的得力助手，不去在乎他們。

我們過了凌晨五點鐘才到達頤和園，我們的太監很高興再次見到我們，並說太后還沒有起來，我們有時間回自己的房間，他們在那裡爲我們準備了一些早餐。我們先去見皇后，發現她已經準備好要去太后宮殿了，她也很高興見到我們，說我們的旗袍都已經準備好了，她已經看過了，非常好看。我們眞的很餓，津津有味地享用早餐。之後，我們去見太后，她醒了，所以我們直接走進她的寢室，我們像之前的每天早上一樣向她請安，叩頭感謝她在我們回家這段期間送了很多東西。

她坐在床上，微笑著說：「回到這裡你高興嗎？我知道來我這裡住上一段時間的人都不想再離開了。很高興再見到你。」接著，她問我母親：「裕庚狀況如何？」母親說我父親好多了。她問我們這兩天待在家裡做了什麼，還說她爲我們選擇了換穿旗袍的日子，她想知道我們是否記得？我們說知道日期，很期待那天的到來。太監帶了三個大的黃色托盤，裡面裝滿漂亮的袍子、鞋子、白色的絲綢襪子、手帕、小袋子，其實就是一整套，包括頭飾。我們向她叩頭謝恩，對於她給的一切我們都感到非常高興。太后讓太監將所有的東西都帶來給我們看，她說：「你看，我給你一整套正式禮服，一串琥珀吊墜的朝珠，兩件繡花長袍，四件日常穿著的長袍，以及兩件為皇帝或皇后去世忌辰所做的長袍，一件天藍色的，另一件淡紫色的，幾乎沒有滾邊。我也為你準備了很多襯衣。」我很興奮，告訴太后我想立即開始打扮，她笑著說：「你必須等到我為你選擇的吉日。在此之前你得學會梳頭，這是最困難的事情，就讓皇后教你吧。」儘管她要我等待，但我知道她很高興看到我表現出如此的熱情。當我們來到宮中的第一天，她問我為什麼頭髮那麼捲曲，我告訴她我用紙把它弄捲了，此後她都拿這件事嘲笑我。她還說，如果在穿上旗袍之前我不能及時拉直頭髮，每個人都會笑我，我看起來也會很醜。

那天晚上，當我坐在遊廊上時，一位宮女走到我面前說：「不知道你穿旗袍好看嗎？」我說我希望自己看起來很自然。「你在國外生活了很多年，對我們來說，你是洋人。」我告訴她，只要太后把我當成自己人看，我就心滿意足了，她不必為我擔心。我知道她們嫉妒我們，所以我去找皇后，把女孩兒一個人留在那兒。我們在值班房與皇后交談，這個女孩就進來坐在我附近，大部分時間自己一個人笑著。其中一位婢女正在為太后修剪花朵，她看著女孩，問她為什麼笑，皇后看見，也問了同樣的問題，她不回答，但一直保持微笑。此刻，一個太監來了，說太后召喚我。之後，我試圖打聽她跟皇后說了甚麼，但是沒找到答案。

就這樣過了安靜的幾天，太后開心，我也開心。直到有一天，皇后提醒我們，爲了使自己能在十八日那一天打扮完美，我們應該做好一切準備，因爲時間所剩不多——只剩兩天了。那天晚上，太后就寢之後，我回到自己的房間，把頭髮梳好之後去見皇后，她說我看上去很好看，而且她確定太后會喜歡我穿旗袍的。我告訴她，在我去歐洲之前，我小時候曾經穿過旗袍，我當然知道怎麼穿。我還告訴她，我不明白爲什麼這些女孩把我視爲洋人，她說她們只是表現出她們的無知，她們嫉妒我，我完全毋須在意她們。

第十一章 我們的新裝

換穿旗袍

第二天，我們比平時起得更早，穿上我們的新袍，我簡直不敢相信自己的眼睛，問了好幾遍那是我嗎。我發現我看起來滿好看的，雖然我已經很久沒有穿這種服裝了。他們似乎認爲我們會看起來很笨拙，而服侍我們的太監則很高興看到我們打扮成這樣。皇后在去太后宮殿的路上經過我們房間，她進來等我們和她一起去。到了值班房，很多人都進來了，對著我們指指點點，讓我有點不好意思。每個人都說，我們的樣子比穿洋裝好看多了，只有光緒皇帝例外，他對我說：「我覺得你的巴黎禮服比這漂亮多了。」我笑了笑沒說話。他對我搖了搖頭之後，走進太后的寢室。李連英進來後見到我們，十分興奮，叫我趕緊去見太后，我告訴他，每個人都在看我們，好像我們是古玩一樣，他說：「你不知道你現在有多好看，我希望你永遠不要再穿洋裝。」當太后看到我們時，她大聲地笑了出來，那讓我很不舒服，因爲我怕我們在她眼中顯得很怪異，她說：「我不敢相信你們和之前的女孩是同一個人，你看看鏡子裡的自己。」她指了指房間裡的一面大鏡子說：「你好像變了一個人似的，我感覺你現在才是我的女孩，我一定要多做些袍子給你。」接著，李連英說，二十四日是夏天的第一天。那天大家開始戴玉簪而不戴金簪，但我們沒有，太后對他說：「我很高興你告訴我這件事。我讓她們換上旗袍後，必須給她們每人一支玉簪。」李連英離開，帶著一盒碧玉簪子回來，太后取了一支漂亮的遞給我母親，告訴她那枚曾給三位皇后戴過，她另外拿了兩支很好看的，給了我一個，給了我妹妹一個，她告訴我們，這兩個是一對，其中一個東宮慈安太后曾經戴過，另一個是她自己年輕時曾戴過的。太后送了我們這麼多禮物，而我沒有爲她做任何事，爲此我感到慚愧，但是，我們對她致上了最誠摯的謝意，並表達了我們的感激之情，她說：「我把你們當自己人，我爲你們製作的袍子是最上乘的。我也決定讓你穿上全套宮廷服裝，跟郡主一樣。你是我的宮女，所以你在這裡的等級與她們相同。」李連英站在她身後，示意我們給她磕頭。我不記得那天我磕了多少次頭。頭飾很重，我不太習慣，我怕它會掉下來。太后還說，她將在七十歲生日那天在朝廷公佈我們的頭銜。我解釋一下，每十年一次，在她作整壽之際，對於她喜歡的人，或者任何爲她做過事、對她有用處的人，太后都會給予特別的賞賜。她可以隨時提拔任何人，但落在這個時候，事情就變得特別起來了。皇后恭賀我們，並說太后要找年輕的王公子弟爲我談親事，她眞喜歡戲弄我。我寫信給父親，講述了我得到的所有恩賜，他回信給我，希望我值得這些獎賞，我必須盡我所能，只要太后在的一天，都要能爲其所用並對她忠心耿耿。

我非常高興，皇宮裡的生活再美好不過了，太后總是和藹可親。我注意到，自從我們如她所說的再次成爲滿人以來，她對待我們的方式就有所不同了。有一天，我們在月光下的湖上航行時，太后問我是否還想再去歐洲。這是一個美妙的夜晚，幾艘船隨行於我們身後，在其中一艘船上，幾位太監以笛子和一種名叫「月琴」的樂器，演奏著悅耳的音樂，太后則輕聲地哼唱。「月琴」是一種很像曼陀林，形狀像月亮的小豎琴。我告訴她，我很滿意和她在一起的生活，根本不想去任何地方。她說我必須學會吟詩，她會每天教我。我告訴她，我父親讓我學習所有詩歌格式，我自己也作了一些。她一臉驚訝，道：「你以前怎麼不告訴我？我喜歡詩歌，有時間你一定要讀給我聽，我這裡有很多不同朝代的詩集。」我告訴她，我對中國文學的了解十分有限，我只學了八年，不敢讓她知道我知之甚少。太后告訴我，宮中只有皇后和她自己是懂中國文學的，她前段時間曾嘗試教宮女們閱讀和寫作，但發現她們太懶惰，於是就放棄了。父親告訴我要非常小心，除非有人要求，否則不要在她們面前表現我會些甚麼，所以我把這個能力隱藏起來。得知我能讀寫詩歌後，一些宮女對我很不以爲然。這種事日復一日地上演。

除了這件不愉快的事之外，農曆四月非常開心地過去了。農曆五月初一對我們來說是忙碌的一天，因爲五月初一到初五是五毒節，我解釋一下——也叫端午節，除了皇室成員、宮女、太監外，所有的總督、巡撫、大官，都進貢精美的禮物給太后。打從我進宮以來，我從未見過如此多的東西一齊送進宮裡。每個送禮的人都必須隨身帶一張黃紙，右下角寫上送禮人的名字，還有「跪進」字樣，意思是跪著送禮，還要寫上禮物的名稱，太監則用黃色的大托盤盛進那些禮物。這五天裡，每個人都很忙，尤其是太監。我數不清有多少人給太后送禮，禮物五花八門，比方說有家庭用品，以及各種款式與圖樣的絲綢和珠寶。大部分的禮物是普通的外國貨，我還看到了雕工精緻的座椅和刺繡品。太后命人把這些禮物擱到一旁，舶來品則收到她的宮中，因為這些東西對她來說很新奇。

送禮的日子

五月初三是只開放給宮裡人送禮的日子，這是一幅最美的風景，我們整夜忙於準備禮物，還得去幫助皇后。第二天早上，我們把禮物放在大庭院裡的這些黃色大托盤中，皇后的托盤放在第一排，她送給太后的禮物，都是她親手製作的，包括了十雙鞋、絲綢繡花手帕、小荷包和煙袋，都做得很精巧。光緒皇帝的妃子也向太后呈獻了大約同樣的東西。宮女的禮物則非常不一樣，因為我們可以在盛宴之前徵得允許出去購物。我們不能一起出去，因為我們當中的一或兩個必須一直待命。彼此談論我們買了什麼是非常令人興奮的。我們自己並沒有請求允許出宮，因為我們早就準備好了禮物。每個人似乎都在談論禮物，無論太后是否會喜歡。我的母親、妹妹和我已經寫信到巴黎去添購一些可愛的法國錦緞，還有一套法蘭西帝國風格的家具。我們進宮沒多久就已經了解太后的品味，因此除了上述這些禮物，我們還給了她扇子、香水、肥皂和其他一些新鮮的法國玩意兒。太后總是把所有東西都看一遍，發現有些禮物質量很差，她就會想知道送禮的人是誰。太監和婢女也送了她好用的禮物。太后會挑出她最喜歡的東西，其他的就收起來，以後她可能再也不會見到那些東西了。不得不說，太后非常喜歡和欣賞一些舶來品，尤其喜歡法國的華麗織錦，幾乎每天都用它製作新的袍子。她還很喜歡可以美容的香皂和粉末。她總是非常親切地感謝我們，並說我們非常周到，爲她挑選了很漂亮的東西。太后還會對太監和姑娘們說幾句好聽的話，這讓大家都感到很欣慰。

五月初四是太后給我們大家送禮的日子，包括宗室王公、大臣、婢女和太監等。她的記憶力非凡，因爲她能記得前一天送給她的每一件禮物，還有送禮人的名字。那是忙碌的一天，太后按照人們送她的方式回禮。太后想把禮物送給誰，我們就用黃色的紙張寫下他們的名字。那天，太后對某位王妃很生氣，因爲她的禮物是最差勁的。太后讓我把那個托盤放在她的房間裡，並說她會檢查看看它們是些什麼東西。我知道她不高興，因爲她的表情會說話。她讓我們測量那個托盤裡的絲綢和緞帶，然後把它留在大廳裡。緞帶長短不一，每一條都短到不能做旗袍的鑲滾邊，衣料的材質也不好。太后對我說：「現在你自己看看，這些禮物好嗎？我很清楚這些東西都是別人給他們的，他們當然會爲自己挑選最好的，把剩下的給我，他們知道他們必須送我一些東西。看到他們如此粗心我很驚訝。可能他們認爲我收了這麼多禮物就不會注意到他們的。他們錯了，因爲我會最先注意到最差的，事實上我會記住一切。我可以看到誰是爲了取悅我而給我東西，而誰又是因爲義務才送禮的，我會以同樣的方式回報他們。」她送給宮女每人一件精美的繡花袍子和幾百兩銀子，送給皇后和皇妃也是一樣的東西。她回給我們的禮物有點不同，包括兩件繡花袍子、幾件簡單的袍子、棉襖外褂和棉襖坎肩、鞋子和滿族髮式的花朵頭飾。她說我們袍子不夠多，所以沒有給我們錢，而是給了我們服裝衣飾。除此之外，她還給了我一對非常漂亮的耳環，但我妹妹沒有，因爲她注意到我只有一對普通的金耳環，而我妹妹已經有一對鑲有珍珠和玉的耳環。太后對我母親說：「裕太太，我知道你偏心，容齡有這麼漂亮的耳環，可憐的德齡卻沒有。」我就站在她的椅背旁邊，我母親還沒來得及回答她，她已經轉向我：「我會爲你做一對漂亮的。你現在是我的人了。」我母親告訴她，我不喜歡戴重的耳環，太后笑道：「沒關係，她現在是我的了，她需要的一切我都會給她，你不用管她。」她給我的耳環很重，太后說如果我每天都戴，我就會習慣了，後來證明，過了一段時間，我就完全不感到沉重了。

現在來談談這場盛宴。這場宴會又稱爲端午宴，五月初五的正午是毒蟲最毒的時刻，而青蛙、蜥蜴、蛇等爬行動物則躲在泥裡，因爲這個時候牠們都癱著不能動。有的大夫會在這個時候去找牠們，找到後放在罐子裡，等曬乾之後，有需要就拿來藥用。太后告訴我這件事，所以那天我走遍了所有的地方、往土裡挖掘，但什麼也沒找到。通常的習慣是，中午時分，太后拿著一小杯烈酒，在其中加入雄黃，接著拿一把小刷子，把它浸在杯子裡，然後把這沾了雄黃的刷子在我們的鼻孔和耳朵下面點個幾下。這是爲了防止在即將到來的夏天有任何蟲子爬到我們身上。之所以又叫端午節，是因爲在戰國時期，天下分爲七個諸侯國，其中楚國的高官屈原建議楚王與齊國結盟，楚王拒絕，屈原認爲楚國將會在不久的未來被滅，他卻不能影響楚王，於是便下定決心，帶著一大塊石頭跳入河中自殺。這件事發生在五月初五，所以第二年楚王就乘著龍舟，將粽子扔入河中，祭祀他的靈魂，從那天起，人們就開始紀念這個節日。皇宮裡的戲樓首先表演這段歷史，非常有趣，還演出了在夏天最毒辣的時刻到來之前試圖隱藏自己的昆蟲。那天我們都穿了虎鞋，鞋頭做成虎頭的樣子，頭飾上則戴著黃絲做的小老虎。這些老虎原先只供孩子們佩戴，象徵著他們會像老虎一樣強壯，但太后希望我們也佩戴它們。官員夫人們來到宮中，一見到這副景象就嘲笑我們，我們說這是太后的命令。

宮裡人的生日習俗

總管太監掌管登錄著所有宮女生日的名冊，就在我自己生日的前幾天，五月初十，他告訴我，宮廷的習俗是送太后禮物，並且說禮物應該是水果、糕點等，所以我點了八盒不同樣式的這類點心。

一大早我就換上全套宮廷服飾，盡量打扮自己，去向太后道早安。等她穿好衣服，太監拿來禮物之後，我跪著呈給太后，叩頭九次。她謝謝我並祝我生日快樂，接著就送給我一對雕刻精美的檀香手鐲，以及幾卷錦緞絲綢。她還說她按照慣例下令製作了一些長壽麵來慶祝我的生日，我再次叩謝慈恩。接著我向皇后叩頭行禮，得到兩雙鞋和幾條繡花領巾後，便回到自己的房間，在那裡我看到了所有宮女給我的禮物。

總的來說，我度過了一個非常愉快的生日。

我這輩子永遠不會忘記五月十五日，因爲那對每個人來說都是糟糕的一天。像往常一樣，那天早上我們很早就去了太后的寢室，她卻起不來，抱怨說她的背痛得厲害，我們輪流揉她的背，她終於起身了，雖然時間有點晚。她並不高興，皇上進來向她跪著請安，她卻幾乎沒有理會他。我注意到，皇上見太后身體不舒服，所以沒對她說甚麼話。每天早上給她梳頭的太監病了，另一位被叫來幫她，太后讓我們盯著他，看他有沒有扯掉她的頭髮，即使只是掉一兩根頭髮下來，她都受不了。這個太監不懂利用一些小訣竅，比如說，當頭髮掉了的時候，他不像另一個人一樣把它藏起來，這個可憐的人不知道如何處理掉出來的任何東西，他很害怕。太后從鏡子裡看他，問他有沒有把她的頭髮拔掉，他說有，這讓她很生氣，叫他裝新的上去。我差點笑出聲來，太監卻嚇得大哭起來。太后命令他離開房間，並說她稍後會懲罰他。接著由我們幫她整理頭髮，我必須說這不是一件容易的工作，因爲她的頭髮很長，很難梳理。

像往常一樣，她去朝會，把事情的經過告訴了總管太監，這個李連英果然是個心眼很壞的人，他說：「爲什麼不打死他？」她立即吩咐李連英將這個人帶回自己的住處接受懲罰。接著，太后說飯不好吃，也命令廚子受罰。他們告訴我，每當太后生氣時，一切都會出錯，所以那天發生了這麼多事情，我並不驚訝。太后又說，我們的髮束在腦後放得太低，看起來太愚蠢了。（這個滿族髮型正好放在一個人的頭部中央，後面的部分叫做燕尾，必須放低直到領子的底部。）我們每天都以同樣的方式梳理頭髮，她以前從來沒有說過一句話。她看著我們說：「現在我要去上朝了，不需要你們都在這裡，回到房間，重新整理你們的頭髮，如果我再看到你們這樣，我要把你們的頭髮剪掉。」當我聽到她對我們說話如此嚴厲時，我這輩子從來沒有這麼驚訝過。我不知道是否有人教過我，但我想，遵命應該是明智的回答。我們都準備好要走了之後，太后站在那裡看著我們。當我們走了大約五六英尺遠的時候，我們聽到她在罵長壽（那個既不是宮女也不是婢女的女孩。）太后說她裝沒事，命她也去。我們往自己的房間走去時，有人嘲笑長壽，惹得她很生氣。當太后對某個人生氣時，她會說我們都是故意惹怒她的，我得說，我們每個人都很害怕，不知道誰敢這樣做，相反地，我們窮盡一切努力取悅她。

但那天她一整天都很生氣，我試圖離她遠一點兒，我注意到有些太監去問她一些重要的事，但她瞧都不瞧他們一眼，繼續看她的書。說實話，那天我覺得很難受。一開始我以為太監都是忠僕，但每天看著他們，我就知道，偶爾受點懲罰根本傷害不了他們。

皇后吩咐我照常進去侍候太后，她說如果我建議和她玩骰子，她可能會忘記她的煩惱。起初我不想去，怕她對我說些什麼，但看到可憐的皇后對我那麼好，我就告訴她我會去試試。當我進入太后宮殿的正廳時，我發現她正在看書，她看著我說：「過來，我要告訴你一件事。你知道宮裡這些人都不是好人，我也不喜歡他們。我不想讓他們毒害你的耳朵，告訴你我有多邪惡。不要和他們說話。你不能把你的髮束梳得太低。今天早上我沒有生你的氣。我知道你與眾不同，不要讓他們影響你。我要你站在我這邊，照我說的去做。」太后很和藹地對我說話，她的表情也變了——和那天早上的表情完全不一樣。我當然答應她，我說我非常樂意盡我所能地讓她高興，她對我說話就像一個慈母對她寵愛的孩子說話，所以我就不再那麼怕她了，而且覺得她說的應該沒錯，我經常聽到官員說，不能對太監太好，因爲他會無緣無故地傷害你。

我注意到那天他們似乎在工作時更加小心。有人告訴我，每當太后生氣時，她永遠不會氣消。但我看到的情況是相反的，她對我說話的態度非常好，就好像沒有任何麻煩事發生過一樣。她不難伺候，只需要觀察她的心情。我覺得她太迷人了，也已經忘記她正在生氣。她似乎猜到我在想什麼，她說：「我可以讓人恨我勝過毒藥，也可以讓人愛我，我有那種力量。」我覺得她眞的做到了。

第十二章　太后與康格夫人

傳教士給中國人下藥

農曆五月二十六日朝會時，慶親王奕劻告訴太后，美國駐北京公使的妻子康格夫人要求私人會面，請太后決定一個日子。她告訴他，今天之前不要給出任何答案，給她時間考慮一下。我坐在大屏風後面聽，但其他宮女太吵了，所以太后命令她們在朝會時不准說話，我也很高興，因爲這樣我就可以聽到太后和大臣之間一些有趣的對話。朝會結束後，太后要求在山頂上的排雲殿享用午餐，她說她喜歡走路，所以我們慢慢地跟著她，爲了到達這個地方，除了要花十分鐘攀登粗糙的岩石之外，還得爬上兩百七十二級台階，但她似乎根本不介意這些，最有趣的是看到左右兩邊各有一個小太監扶著她的胳膊，試圖跟上她的步伐。我注意到她非常專注，沒有和我們任何人說話。當我們到達目的地時，我們非常疲倦，筋疲力盡。太后本身是很能走的人，她嘲笑我們，當她在技巧或耐力的比賽中表現出色時，她總是非常高興，她說：「你們看我年紀這麼大，走路卻比你們年輕人快多了，眞沒用。你們是怎麼了？」太后非常喜歡接受讚美，我在那裡待得夠久，知道並學會了說能取悅她的話，她也討厭任何人在錯誤的時間讚美她，所以即使讚美她也必須非常小心。

排雲殿是一座美麗的宮殿，宮殿建築前有一塊空地，就像其他宮裡的庭院一樣，到處都是粉色和白色的夾竹桃。那兒擺著一張瓷桌和幾張瓷凳，太后坐在她自己的黃緞凳上，默默地喝著她的茶。當天風很大，雖然天空很藍，陽光和煦，太后在那裡坐了幾分鐘後，就說風太大，便進到屋裡了。我也很高興能進去，我對皇后低聲說，我覺得風可能會吹掉我的頭飾。太監帶來了午飯，把所有的東西都放在桌子上，皇后做個手勢讓我們跟著她，我們遵命行事，當回到長廊時，我們都坐在沿窗而建的座位上。讓我解釋一下這些座位。所有的窗戶在宮殿裡都蓋得很低，有一個像長凳一樣的東西，沿著長廊的窗戶而建，寬約一英尺，除此之外，宮殿裡只有太后的寶座，看不到任何椅子。皇后問我是否注意到太后有什麼心事，我告訴她，也許她在想那天早上慶親王提到的私人會面，她說我猜對了，她問我：「對這次會面，你知道些甚麼嗎？什麼時候舉行？」我說太后還沒有給夫人答覆。

這時候，太后已經吃完飯，正在房間裡走來走去，看著我們吃飯，她走到我母親面前說：「我一直在想，康格夫人爲什麼要求私人會面，也許她有話要對我說，我想知道是什麼，好準備答案。」我母親說，可能有人來看望康格夫人，夫人希望介紹這個人給太后認識。「不，不可能那樣，因爲他們必須列出那些有意進宮人士的名單。我不介意正式會面，但我認爲不應該有私人會面，大家都知道，我不喜歡被人質疑。從洋人自己的角度來說，他們當然覺得自己很親切有禮，但跟我們相比差多了。就禮節而言，可能我比較保守，我欣賞我們這一套規矩，並且只要活著我都不會改變它。你看我們的百姓從小就被教導要有禮貌，可是回顧一下祖先的遺訓，再與現在的教育比較，人們似乎喜歡後者，我說的是成爲基督徒，砍劈祖先牌位然後燒掉。我知道中國有很多家庭因爲傳教士而破碎，他們一直在影響年輕人相信他們的宗教。讓我告訴你爲什麼我對這次會面感到不舒服，因爲我們太客氣了，我們難以拒絕任何親自請求幫助的人，洋人似乎不明白這一點。我的辦法是，每當他們問我任何事情時，我都簡單地告訴他們，我不是我自己的老闆，我得諮詢我的大臣們；雖說我是皇太后，但也必須遵紀守法。說實話，我很喜歡日本駐京公使的妻子內田夫人，她總是很和氣，不會問任何愚蠢的問題，當然日本人跟我們比較像，一點都不莽撞。去年，在你進宮之前，一位女傳教士和康格夫人一起來了，她建議我爲宮女建立一所女子學堂，我不想得罪她，就說我會考慮的。想像一下，在宮廷裡開辦學堂不是很愚蠢嗎？再說，我去哪裡找那麼多女孩子讀書？我事情已經夠多了，我不想讓所有皇室子弟都在我的皇宮裡求學。」

太后說這話的時候笑了，其他人也笑了，她說：「我知道你也會覺得好笑。康格夫人很親切，美國對中國一直很友好，我很感謝他們在光緒二十六年（一九〇〇年）對紫禁城所做的保護[1]，但我不能說我也愛傳教士。李連英告訴我，這些傳教士給中國人下藥，讓他們產生想成爲基督徒的念頭，再假意地告訴中國人要想清楚，因爲他們永遠不會強迫任何人違背自己的意願相信他們的宗教。傳教士還把可憐的中國孩子的眼睛挖掉，作爲一種藥。」我告訴她那不是眞的，我遇到了很多傳教士，他們都很善良，願意做任何事情來幫助貧窮的中國人。我還告訴她，他們爲可憐的孤兒做了什麼——給他們一個家、食物和衣服。有時傳教士深入偏鄉，當發現盲童可能無法幫忙父母改善家計以後，還必須給予經濟上的援助，我知道好幾個這樣的案例。這些鄉下人把畸形的孩子交給傳教士，因爲他們太窮了，無法養活和照顧這樣的孩子。我還講了關於他們學校的事，以及他們如何幫助窮人。太后哈哈一笑道：「你說的我當然相信，但這些傳教士爲什麼不留在自己的國家，爲自己的人民服務呢？」我覺得我說再多也沒用，但同時我想讓她知道一些傳教士在中國的可怕經歷。有兩個傳教士於一八九二年六月在漢口下邊的武穴被殺[2]，教堂被暴徒燒毀，湖廣總督張之洞命我父親調查此事，費盡周折之後，他抓到了三名兇手，按照中國法律，將他們吊在木籠裡處死，政府還向被害傳教士的家屬支付了賠償金。次年，即一八九三年，

1 譯註：指八國聯軍期間，美軍守衛紫禁城。

2 譯註：「武穴教案」應發生於一八九一年，作者應是誤植發生年分。

在長江邊上靠近宜昌的麻城，一座天主教堂被燒毀，暴徒說，他們在教堂看到許多失明的孩子，他們被迫在眼睛被挖掉之後作工。宜昌知府說傳教士確實把中國孩子的眼睛給挖了做藥，所以我父親提議把那些瞎眼的孩子帶進衙門詢問。知府是個最惡毒也最排外的人，他給可憐的孩子很多食物，教他們說傳教士確實挖了他們的眼睛，但第二天孩子被帶進來時，他們說傳教士對他們很好，給了他們一個很好的家、很棒的食物和衣服。他們說他們在成爲天主教徒之前很久就失明了，還說知府要他們說傳教士對他們很殘忍，這不是眞的。失明的孩子們還乞求回到傳教士辦的學堂，說他們在那裡很開心。

太后說：「他們幫助窮人，減輕他們的痛苦，這樣做或許沒錯，例如我們偉大的如來佛祖，也是用自己的肉餵飽飢餓的鳥。如果他們離我的百姓遠一點，我會很愛他們的，就讓我們信仰自己的宗教吧。你知道義和團拳亂是怎麼開始的嗎？爲什麼罪魁禍首是基督教民？因爲他們對義和拳太壞了，拳民想要報復。問題在於這些底層老百姓總是惹麻煩，他們做得太過了，同時還想著把北京的每一間房子都放火來發家致富，是誰的房子沒有區別，只要能發財，他們就想燒。這些教民是中國最壞的人，他們掠奪農村窮人的土地和財產，傳教士卻總是保護他們，想想也是，因爲他們自己也想分一杯羹。每當一個教民被帶到縣衙裡時，我們卻不能指望他們像其他人那樣跪在地上遵守中國的法律，而且他們對自己的政府官員總是很粗魯，但這些傳教士又盡其所能地保護他，不管他有沒有錯，相信他所說的一切，要求縣官釋放囚犯。你還記得你父親在光緒二十四年制定的規矩嗎？就是關於中國官員與主教往來時，中國官員應該如何對待主教。我知道一般老百姓可能會成爲教民——也包括那些惹麻煩的人——但我不相信任何高官會是教民。」太后環顧四周，低聲說道：「康有爲（推動一八九八年戊戌變法之人）試圖讓皇帝相信這個宗教，但只要我活著，就沒有人應該改信這個教。我必須說我在某些方面很欽佩洋人，例如，他們的海軍、陸軍，還有工程師，但就文明而言，不管從甚麼角度來看，我都會說中國最優秀。我知道很多人認爲政府與義和拳有聯繫，但事實並非如此。當我們發現事情變得棘手時，我們就發了好幾道詔書，命令士兵把他們趕出去，但事情已經到了無法收拾的地步了。我下定決心不離開皇宮，我是一個老太婆，並且我也不在乎自己的死活，但載漪和載瀾建議我們趕快走，他們還提議我們變裝離開，這讓我很生氣，我拒絕了。回京之後，有人告訴我，很多人相信我確實是變裝逃走了，並說我穿著僕人的一件衣服，騎著騾子拉的破車，而一個老婢女則打扮成慈禧太后，坐在我的轎子裡。我想知道這個故事是誰編的？當然大家都相信了，連北京的洋人都耳熟能詳。

「現在再談回拳亂。我的奴才眞的太糟了，似乎沒有人想跟我一起逃，在我根本沒有離開北京的念頭之前，很多人就先跑了，留下來的人不幹活，而是站在一旁等著看好戲。我決心問問有多少人願意一起走，所以我對大家說：『你們這些奴才願意跟我走的就一塊兒走，不願意的可以離開。』我驚訝地發現，站在旁邊聽的人寥寥無幾，只有十七個太監，兩個老婢女，還有一個丫鬟，就是長壽，他們說，不管發生什麼事，都跟我一起走。我曾有過三千個太監，但我還沒來得及數就幾乎全都不見了，有些可惡的人還對我十分無禮，把我的貴重花瓶扔在磚地上砸爛了。他們知道我不能在那個重要時刻懲罰他們，因爲我們要離開了。我哭得非常傷心，祈求祖靈保佑我們，每個人都和我一起跪下祈禱。皇后是我的家族中唯一和我一起走的。我的一個親戚，我很喜歡她，她要求什麼我都給了她，但她拒絕和我一起走。我知道，她之所以不跟著我走，是因爲她認爲洋兵會追上我們，把所有人都殺了。

「我們離開大約七天後，我派了一個太監回來，看看誰還在北京，她問這個太監有沒有洋兵在後面追著我們，我是不是被殺了。不久，日本兵佔領她的宮殿，把她趕出去了。她以爲她無論如何都會沒命，但既然我還沒有被殺死，或許她可以趕上我們，跟我們一起逃。我不明白她怎麼走得這麼快，有一天晚上我們住在一間鄉間小別墅裡，她和她的丈夫——他是個好人——一起進來，告訴我她有多麼想念我，她一直很擔心，想知道我是否安全，然後就哭了。我拒絕聽她說話，直截了當地告訴她，我一個字都不相信，從那時起她就不再出現了。那段日子我過得很苦，從清晨開始，在太陽升起之前，直到天黑之際，我都坐在轎子裡向西奔逃，晚上則不得不在某個鄉下地方停下來。相信你會可憐我，我這麼老，竟然還要遭受這樣的磨難。

「皇帝一路上都坐在用騾子拉的拖車裡，皇后也是。我跟著走，一邊祈求祖宗保佑，但皇帝卻很安靜，從來不開口。有一天出事了，那天雨下得非常大，有的轎夫跑掉了，有的騾子則突然死了。天氣非常炎熱，雨水卻盡往我們頭上澆灌。五個小太監也跑掉了，因爲我們不得不懲罰他們。前一天晚上他們對縣官太不禮貌了，他盡其所能讓我舒適，但食物不夠吃是當然的。我聽到這些太監和縣官吵架，縣官跪在地上求他們別再吵了，並答應他們所有的要求。我當然很生氣，在這種情況下出遠門，不管別人提供甚麼，都應該知足。

「我們花了一個多月才到達西安，我沒辦法形容我有多累，當然也很焦慮，這讓我病了將近三個月。只要我活著一天，我就不會忘記那段日子。

「光緒二十八年初我們回到北京，當我再次看到自己的宮殿時，又湧出了另一種痛苦的感受。哦！一切都變了，很多貴重的擺設都被破壞或者被偷了，所有三海的珍寶都被拿走，有人還打斷了我以前每天供奉的白玉佛的手指，幾個洋人坐在我的寶座上拍照。我在西安的時候就像被流放一樣，雖然陝甘總督衙門爲我們做了很多準備，但衙門建築很老舊、潮濕、不乾淨，於是皇帝生病了。要告訴你這一切需要很長時間；我以爲我的麻煩已經夠多了，但這最後一個是最糟糕的。等我有時間，我會告訴你更多的，我想讓你知道絕對的眞相。

「現在讓我們回到康格夫人私人會面的問題上。她一定有什麼特別的目的，但我希望她不要提出任何要求，因爲我沒辦法拒絕她。你猜猜會是甚麼目的？」我告訴太后，不會有什麼特別的目的；況且，康格夫人自認爲是一個非常了解中國禮儀的人，我不相信她會提出任何要求。太后說：「我唯一反對的是康格夫人總是帶一名傳教士作爲她的翻譯，現在我有你母親、你妹妹和你，應該夠了，我認爲她這麼做是不對的；此外，我實在聽不懂他們的中文。有時見見外交官的太太們是可以的，但我不喜歡傳教士，有機會我會請他們別再來了。」

美國公使的會面

第二天早上，慶親王告訴太后，美國海軍准將埃文斯夫婦（Mr. and Mrs. Evans）和隨從希望能覲見她，還有美國公使要求兩次私人會面，並表示前一天康格夫人要求一次私人會面，這是錯誤的訊息。

上午的例行朝會結束後，太后笑道：「我昨天不是告訴過你，要求會面肯定是有理由的嗎？我寧願見美國海軍准將和他的夫人。」她轉向我們說：「一定要把所有東西都收拾得乾乾淨淨，把我臥室裡的所有東西都換掉，以免讓他們看到我日常生活的樣子。」我們都說「嗻」，但我們知道將宮殿改頭換面會是一項艱鉅的任務。

預定會面的前一天晚上，我們開始從每個窗戶上取下粉紅色的絲綢窗簾，換成她討厭的天藍色，我們把椅子上的靠墊也換成了同樣的顏色。就在我們看著太監幹活的時候，有幾個人提著一個裝滿時鐘的大托盤走進房間。此時，太后已經進了房間，吩咐我們把她的白玉和翠玉佛像全部挪走，同時把一些玉器拿走，因爲那些東西是神聖的，不能讓外國人看到，所以我們將之換成這些時鐘。我們也把三道繡花門簾取下，換成普通的藍緞門簾。我必須解釋一下，這三道門簾也是神聖的，它們是把古老的金緞繡上五百位佛教神祇，曾爲道光皇帝所用，太后相信，將這些門簾掛在她的門上，可以防止惡靈進入她的房間。她下令我們其中一個人得在會面結束後把它們掛回去。我們把她寢室裡的每一件家具都處理好了，她的恭桶是最重要的，不能讓任何人看到，連進到她房裡的官員妻子也不能，所以我們當然要把它放在一個安全的地方鎖起來。我們還把她的床從粉紅色變成了藍色。她所有的家具還有床上的雕刻都是用檀香木做的，這種檀香木在製成家具之前是放在不同的寺廟裡淨化過的，當然也不能讓外國人看到，由於我們無法從她的床上取下雕刻作品，我們用繡花的帷幔將其蓋住。我們在工作時，太后進來告訴我們不用急著完成寢室的改裝，因爲第二天的會面只有海軍准將羅伯利．埃文斯（Robley Evans）和他的部下，他們不會參觀私人寢室。埃文斯夫人和其他女士的會面日期在後天，眼下最重要的是朝殿必須收拾整理妥當，她說：「把我們這裡唯一的地毯放在朝殿裡。我不喜歡地毯，但我也沒辦法。」

完成工作之後，太后開始告訴我們，在與夫人會面時該穿什麼，她對我說：「明天我上寶座的時候你不必隨侍在旁，因爲只有男士在場，我會從外務部找一位大臣陪我，我不要你和這麼多陌生男人說話，這不是滿人的規矩。這些人都是陌生人，他們可能會回到美國，對你的長相品頭論足。」同時，太后下令，明日將龍袍帶來，她將在男士的會面時穿上，她說她必須在這個場合穿上她的朝服。這件朝服是用明黃色的綢緞製成的，上面繡著很多條金龍。她將戴上一條由一百零八顆珍珠組成的項鍊，這條項鍊構成了龍袍的一部分。她說：「這件朝服不漂亮，我不喜歡，但恐怕我還是得穿。」她則對我們所有人說：「你們不必特別打扮。」

第二天清晨，太后起得非常早，比以往任何時候都更忙。在我看來，每當我們有會面時，我們總會遇到很多麻煩，肯定會出甚麼亂子讓太后生氣。她說：「我想看起來和藹可親，但這些人總是讓我生氣。我知道美國海軍准將會回家告訴那裡的人關於我的事情，我不希望他有錯誤的印象。」整理頭髮花了她將近兩個小時，在那個時候上例行的朝會已經太晚，所以她提出等外國人走後再行朝會。她在鏡子裡看著自己身穿龍袍，對我說她不喜歡這件衣服，她還問我外國人知不知道這是一件龍袍，她說：「我穿黃色看起來太醜了，它讓我的臉看起來和我的袍子一樣黃。」我建議她，因爲這只是私人會面，如果她想穿不同的衣服，完全沒有關係。她似乎很高興。我怕自己沒有提出適當的建議，但我實在忙到無暇擔心這件事。太后下令將她所有款式的袍子帶進來，仔細看了看，挑選了一件用淡綠色緞子製成的袍子，上面繡滿「壽」字，鑲滿寶石和珍珠。她試了試，說那件很適合她，所以她命令我去珠寶房拿出花朵髮飾來搭配她的頭髮。至於頭飾，一側有壽字，另一側是蝙蝠（蝙蝠在中國是福的諧音，象徵幸運），當然，她的鞋子、手帕和其他所有東西也都繡著同樣的字樣。著裝完畢後，她笑著說：「我現在看起來沒什麼問題，我們最好去朝殿等他們，這個時候我們可以玩骰子遊戲。」接著她對我們所有人說：「在會面期間，你們都待在屏風後面。你們可以看到所有的狀況，但我不希望你們被人看到。」太監把地圖放在桌上，正要開始擲骰子，此時，一名品級較高的太監走進大廳，跪下說美國海軍准將已經到了宮門，與他同行的有美國公使等十到十二個人。太后笑著對我說：「我以爲只有美國公使和海軍准將，還有他的一兩個部屬。其他人會是誰？不過，沒關係，反正我都會接待他們。」我們幫助她登上高壇寶座，整理她的衣服，並把將要發表的演講文稿遞給她，然後我們便和皇后一起回到屏風後面。這裡非常安靜，任何角落都沒有聲音，我們可以聽到訪客的靴子從院子裡的石板路上走過的聲響。我們從屏風後面偷看，看到幾位王爺登上台階，將這些人帶到大廳。海軍准將和美國公使進來了，他們站成一排，向太后三鞠躬。

皇上也在他的御座上，坐在她的左手邊，他的御座很小，就像一把普通的椅子。太后歡迎海軍准將來華之後，他們就來到高壇上與太后和皇上握手，他們從一側上去，從另一側退下。接著，慶親王帶著他們進了另一座宮殿，在那裡吃了午飯以後，簡單而正式的會面就結束了。

會面結束後，太后說她能聽到我們在屏風後面的笑聲，那些人會對此議論紛紛，並表示厭惡。我告訴她笑的不是我，她說：「下次有男人在會面場合時，你們不要進朝殿了。當然，朝會時都是自己人，那不一樣。」

那天下午，太后沒有去她的寢室，她說她想等到這些人走後，聽聽他們說些什麼。幾個小時後，慶親王進來報告說他們已經吃過午飯了，他們很高興見到太后，然後就走了。海軍准將是從宮殿的左門進入，從同一扇門離開的。我必須在這裡解釋一下，中門只供太后和皇上使用，除非奉有特旨，才能從中門進入。太后問慶親王有沒有帶他們參觀過頤和園的宮殿建築，他們有什麼想法，他們還說了什麼，他們開不開心。問話結束後，她對慶親王說：「你現在可以走了，你要爲第二天的女士會面做好必要的準備。」當天晚上，太后對我們說：「明天你們都必須裝扮得一模一樣，穿上你們最漂亮的衣服，這些來宮裡的外國小姐可能就見我們這麼一次，如果不讓她們看看我們擁有多少東西，以後就沒有機會了。」她命令我們所有人，包括皇后與瑾妃在內，都要穿上淡青色的衣服。她對我說：

「如果女士們問起誰是瑾妃，你可以告訴她們；但如果她們不問，你不需要主動介紹給她們認識。我必須非常小心。宮裡這些人不習慣見這麼多人，也未必有禮貌，老外會笑話他們的。」她又對我們說：「女士們進宮時，我總是送禮物，不過這次不知道要不要給，因爲上次會面時我什麼都沒給。」她對著我說：「你可以準備一些玉珮，以備不時之需。把它們放在一個漂亮的盒子裡並且擺好，不必拿來給我，等我要了你再拿來。」她說：「我們已經談得差不多了，你們都可以去休息了。」於是我們退下，能回自己的房間我實在是太高興了。

第二天早上，一切都進行得非常順利，完全沒有問題，太后很滿意，因爲我們都非常仔細地裝扮自己。她對我說：「你的粉上得不夠，別人可能會以爲你是寡婦。你得塗口紅，因爲這是習慣。我現在還用不到你，所以回去再上點粉。」所以我回到自己的房間，像其他人一樣上粉，但看到自己變了一個樣，我忍不住笑了，等我再次回到她的房間時，她說：「現在你看起來還不錯。如果你覺得那個粉很貴，我給你買一些。」她笑著說，因爲她總是喜歡逗我。

等太后梳妝完畢，其中一位宮女帶來了許多袍子，讓她從中挑選一件，她說那天她會穿淡青色，看了二十到三十件袍子後，她還是沒有找到適合自己的，只好吩咐多帶幾件過來。最後她選了一件繡有一百隻蝴蝶的藍色長袍，以及一件同樣繡著蝴蝶的紫色外褂，長袍的底部繡著珠穗。她戴著她最大的珍珠，其中一顆幾乎有雞蛋那麼大，是她最喜歡的珠寶，她只在特殊場合配戴。她的頭飾兩側各有一隻玉蝶，手鐲和戒指也都鑲嵌有蝴蝶，其實每件物品都相互搭配。在她穿戴美麗珠寶時，總有某種鮮花在其中，白色茉莉花是她最喜歡的花。除非太后恩准，否則皇后和宮女絕對不許戴鮮花。我們可以戴珍珠翠玉之類的，但她說鮮花是專屬於她的，她的想法是我們年紀太小了，戴了會糟蹋鮮花。她穿好衣服後，我們走進朝殿，因爲她想玩紙牌，所以她下令把紙牌帶進來。她在玩的時候一直叨絮絮，說我們都必須對美國來的女士親切有禮，帶她們到處走走，她說：「現在讓她們看沒關係，因爲我們已經改變了全部的布置。」她說：「我覺得自己很可笑，改變布置有什麼用？他們會想我們的宮殿就長這樣。順帶一提，如果他們對布置有任何疑問，就告訴他們原本不是這樣，我們每次會面都會徹底改變布置，算是給他們一點驚喜。你得找個機會說出來，否則根本沒人知道，而且我們所花的力氣就白費了。」那是一個只有女士的私人會面，太后沒有使用大寶座，而是坐在朝殿左側的小寶座上，每天早上她都會在那裡接見朝中大臣，皇上則是站著。一個太監進來了，和前一天一樣，他宣布女士們已經到了宮門，一共九位。太后派了幾位宮女在院子裡迎接她們，並吩咐把她們帶到朝殿上。我站在太后椅子的右側，可以看到她們登上台階。太后輕聲問我：「埃文斯夫人是哪一位？」由於我從未見過這位女士，我回答說我不知道，但是當她們走近時，我看到一位女士和美國公使的妻子一起走，我斷定她一定是埃文斯夫人，並告訴了太后。當她們更爲靠近時，太后說：「又是那位與康格夫人在一起的女傳教士，我想她一定很喜歡見我，她每次都來。我會告訴她，我很高興每次都見到她，看看她是否明白我的意思。」

康格夫人與太后握手，並介紹了埃文斯夫人和美國軍官的夫人們。我看著太后，看到她非常和藹可親，笑起來是那麼的宜人——和平時的樣子大相逕庭。太后說很高興見到她們，她吩咐太監拿椅子給女賓們坐，同時其他太監也端來茶水。太后問埃文斯夫人是否喜歡中國，她對北京的看法，她在那裡多久了，她要待多久，住在哪裡。對於太后的問題，我已經很熟悉了，我非常清楚她會問什麼。康格夫人讓她的翻譯說她已經很久沒有見到太后了，並問候太后身體康泰，太后對我說：「你告訴康格夫人，我身體很好，見到她很高興，可惜我不能舉辦更多會面，否則我可以更常看到她。」她繼續說：「大公主（即榮壽固倫公主，她的養女，恭親王的女兒）會陪她們一起吃午飯。」會面就這樣結束了。

午餐的位置是在她宮殿後面的養雲軒，這間房經過特別佈置，用作宴會廳，可以供應茶點。除了太后、皇后和瑾妃，所有的宮女都去吃午飯了，我花了兩個小時才把午餐的桌子擺好。太后下令用一塊白色的洋桌布，這樣看起來更乾淨些，管理花園的太監用鮮花裝飾桌子，太后指示如何擺放座椅，她說：「埃文斯夫人是主客，雖然康格夫人是美國公使的太太，但她住在北京，所以埃文斯夫人肯定坐主位。」她還讓我按照每個人的等級安排座位，大公主和太后侄女（皇后的妹妹）是女主人，相對而坐。我們立起了金色菜單架，並將杏仁和瓜子放在小金碟中；其餘如筷子等都是銀器。太后還下令提供西式刀叉。除了糖果和水果等甜食，食物都是滿州菜，共有二十四道。太后指示我們只提供最好的香檳。她說：「我知道外國女士喜歡喝酒。」

康格夫人的請求

我想我是唯一眞正高興見到這些女士的人，比其他宮女還高興，原因是太后過於嚴厲地教導她們，告訴她們應該如何端正舉止，以至於她們一提到與外國客人會面就討厭。吃飯的時候，一個太監進來告訴我，太后正在她的宮殿裡等著，午飯結束後由我把這些女士們帶到那裡，所以當我們吃完之後，我們進入了她的宮殿，看到她在那裡等著我們。她站起來讓我問埃文斯夫人她吃了甚麼沒有——我們沒準備甚麼好吃的。這是中國人招待客人時的習慣，總是說自己準備的食物不好。她說她想請埃文斯夫人參觀她的房間，讓她對我們的生活方式有一些了解，所以她帶了埃文斯夫人到她的一間寢室。她請埃文斯夫人和康格夫人坐下，太監們則像以往一樣端來茶水，太后邀請埃文斯夫人在北京住久一點，多參觀不同的寺廟，她說：「我們國家雖然很古老，但沒有美國那麼精緻的建築，我想你會覺得這裡的一切都很奇怪陌生。我現在太老了，否則我想環遊世界。我已經讀了很多關於不同國家的書籍，當然讀萬卷書不如行萬里路。不過誰也說不準，或許將來我終究會去的。但我不敢離開我的國家，等我回來的時候，我恐怕已經不認識這個地方了。這裡的一切似乎都依賴我，我們的皇帝還很年輕。」

然後她轉身命令我們帶這些女士參觀宮殿的不同建築，還有著名的龍王廟，這座宇坐落在頤和園湖心的一個小島上。康格夫人說她有事要問太后，她把女傳教士叫過去。康格夫人和這位女士說話的時候，太后很不耐煩，因爲她想知道她們在說什麼，所以她問了我。我很難同時聽兩位女士和太后說話，我聽到的唯一詞彙是：「肖像」，所以我猜測了其餘的部分，在我開口之前，這位傳教士女士先我一步說：「康格夫人有一個特殊的要求，懇請太后許可。一位美國女畫家卡爾小姐（Miss Carl）想爲太后繪製肖像，送到聖路易博覽會展覽，讓美國人民能夠了解慈禧太后是一位多麼美麗的女士。」卡爾小姐是在煙台擔任多年海關監督的卡爾先生的姐姐。

太后面露驚異的表情，因爲這位女士說話的時候，她一直很努力地聽著，她不喜歡她聽不懂，所以她按照之前的安排轉向了我——一個讓我解釋的暗號，然而，我沒有立即跟上，所以康格夫人讓她的傳教士朋友重複這個請求，以免太后不懂她說甚麼，太后於是對我說：「我不太明白這位女士說的話，我想也許你可以跟我說得清楚一點兒。」所以我一一解釋這些話，但我知道太后不了解肖像是什麼，因爲直到那時她甚至沒有拍過自己的照片。

在這裡我要說明一下，在中國，只有死後才畫肖像，以紀念死者，讓後人祭拜逝者。我注意到當太后聽懂這個要求時，她有些震驚。我不想讓太后在這些外國女士面前顯得無知，所以我拉拉她的袖子，告訴她我以後會向她解釋，她回答說：「現在就給我解釋一下。」這是用滿語說的，與一般的漢語有些不同，來訪者聽不懂。經過解釋，太后大概了解她們說甚麼，所以她感謝康格夫人的好意，並答應稍後給她答覆。她對我說：「告訴康格太太，我不能獨自決定任何事情，她可能已經注意到，在決定任何重要的事情之前，我必須諮詢我的大臣。告訴她我必須非常小心，不能做任何事情讓老百姓有機會批評我，我必須遵守我祖先的規矩和慣例。」我注意到太后此刻似乎不想進一步討論這個話題。

就在此時，總管太監進來跪下，告訴太后，夫人的船已經準備好，要帶她們過湖去看寺廟了。太監行動的時機如此恰到好處，是因爲他收到了一位宮女的訊號，暗示太后已經對談話開始厭煩，想換個話題了。我必須解釋一下，每次有外賓會面的場合時，一位宮女總是被分派去觀察太后，每當她似乎對討論的主題不高興或厭倦時，那位宮女就給總管太監傳遞信號，太監便會用上述方式打斷談話，從而避免尷尬。於是，太后向女士們道別，因爲她覺得她們參觀結束後要回來告別也太晚了，而且這樣可以讓她們有更多時間去看看各個景點。

女士們隨後乘坐太后的遊船，也就是前面所述的皇家御船，前往島上參觀寺廟。這座寺廟建在一塊小石島上，石島中間是一個天然的洞穴，一般認爲這個洞穴裡從沒有人住過。太后相信一個流行的迷信說法，認爲這個洞是龍王所居之地——寺廟也是由此得名。

第十三章　太后的肖像

監視卡爾小姐

在廟裡逗留了一會兒，我們就回到皇宮，女士們道別之後，乘坐轎子抵達宮門，她們自己的轎子在那裡等著她們。然後我就像往常一樣，向太后報告訪客所說的話，說明她們是否對我們的接待感到滿意。太后說：「我喜歡埃文斯夫人，我覺得她是一個淑女，在我看來，她的舉止與我遇到的其他美國女士的舉止大不相同，我喜歡有禮貌的人。」接著，說到肖像畫的事，太后說道：「不知道康格夫人爲什麼會有這種想法。現在給我解釋一下，肖像畫究竟是什麼。」當我解釋說她必須每天坐幾個小時的時候，她很激動，擔心她沒有耐心等待畫作完成。她問我坐著時她必須做什麼，我解釋說她只需要爲肖像擺姿勢，坐在一個位置不動，她說：「肖像完成時我就成了一個老嫗了。」我告訴她，我在巴黎的期間也爲自己畫了肖像，是由卡爾小姐所畫，也就是康格夫人推薦畫她肖像的同一位畫家。她立刻叫我把我的肖像拿來，好讓她仔細端詳，看看什麼是肖像，我馬上吩咐站在旁邊的太監去我的屋子把它拿來。太后說：「我不明白爲什麼我必須坐在那裡給人畫像，別人不能代我坐嗎？」我跟她解釋，這是她自己的肖像，不是別人的肖像，他們要畫，就得她自己坐著給他們畫。接著她問每次坐著的時候是否都得穿同樣的衣服，戴同樣的珠寶和飾品，我回答說每次都有必要這樣做。太后接著說明，在中國，畫家只需要看到他的主角一次就可以立即開始動筆，並在很短的時間內完成肖像，並認爲一個眞正一流的西洋畫家應該也能這樣。當然，我解釋了西洋和中國肖像畫的區別，並告訴她，當她看到成品時，她會發現兩者的不同，並了解爲什麼要多次坐著供人畫像。她說：「不知道這位女畫家是怎樣的人，會說中國話嗎？」我說我很了解卡爾小姐，她人很好，但她不會說中國話。她說：「如果她哥哥在海關工作這麼久，她怎麼沒有跟著說中國話？」我告訴她，卡爾小姐已經離開中國很久了；事實上，她在中國的時間很短，大部分都在歐洲和美國工作。太后說：「我很高興她不懂中國話。我反對畫這幅肖像畫的唯一理由，是宮裡會因此一直有一個洋人在，宮裡的人可能會告訴她我不想讓任何人知道的事。」我說這是不可能的，因爲卡爾小姐根本不會講中國話，而宮裡除了我母親、妹妹和我自己三個人以外，任何人都不會英文。太后回答：「你不能太仗著這一點優勢，因爲在宮裡待了一段時間後，他們很快就學會互相溝通了。」她接著說：「對了，這幅畫像要多久才能完成？」我告訴她，這完全取決於她坐幾次，每次坐多久。我不想告訴她具體需要多長時間，怕她嫌麻煩，所以我說等畫家來了，我會請她跟太后好好相處，盡快完成畫像。

太后說：「我不明白我能怎樣拒絕康格夫人的請求，當然，就像你看到的，我告訴她，我必須與我的大臣商量，這樣說只是爲了給我一點時間考慮這件事。如果你對這位女畫家很熟，覺得她來宮裡沒問題，她當然能來，我會讓慶王這麼答覆康格夫人。首先我們得好好談談該怎麼做，因爲讓一個外國女士住在紫禁城裡是完全不可能的，通常我總是在頤和園度過夏天，但那裡離市區太遠了，我想她不可能每天都進出那裡，因爲距離太遠了。現在我們可以把她放在哪裡？總得有人盯著她。這件事情眞的很難辦，我眞不知道該作何決定。你想怎麼照顧她？你覺得你做得到嗎？白天宮裡沒人和她說話，晚上誰留下來看著她？」太后在房中來回踱步，想了半天，最後她笑著說：「有辦法了。我們可以在她不知情的情況下把她當作囚犯對待，以後就要仰仗你母親、妹妹和你來照顧她了，你們每個人都必須非常小心地發揮自己的作用，我也是。我會下令將淳王（光緒皇帝的父親）的府邸修好，卡爾小姐在北京期間就住這裡了。」

這座府邸離頤和園很近，大約十分鐘路程。它不在宮內，而是在頤和園之外的一座獨立花園大宅。

太后接著說：「現在，你要每天早上和她一起來，每天晚上回去陪她，我認爲這是解決困難最安全的辦法，但對於她可能收到和寄出的所有信件，務必小心，唯一的問題就是它會帶給你很多額外的工作，但你知道我對這種事情是很看重的，你的小心謹愼最終會省去很多麻煩。還有一點你要非常留意，那就是監視卡爾小姐別讓她有機會和皇帝說話。我之所以這麼說，是因爲你知道皇帝是個害羞的人，而且可能會說一些會冒犯她的話。我會額外指定四位太監，在坐著畫像的時候到場，有什麼需要的時候，他們會隨時待命。」太后說：「我注意到康格夫人在你拉我袖子的時候正在看著你，不知道她是怎麼想的，但你不用擔心，隨她怎麼想，就算康格夫人可能誤會，你的意思我明白才是唯一必要的。」我告訴她，也許康格夫人認爲我想勸她拒絕這個請求，但太后說：「那又如何？如果你不認識這位畫家，我無論如何都不會同意。我在乎的不是肖像畫，而是這件事可能會產生嚴重的後果。」

第二天早上，我收到康格夫人的一封信，懇求我不要以任何方式讓太后對卡爾小姐產生偏見，我把這句話翻譯給太后聽，這讓她很生氣，她說：「沒有人有權利以這種口氣給你寫信，她怎麼能假設你會對卡爾小姐說任何對她不利的話？我不是告訴你，你拉我袖子的時候，她在看著你嗎？當你回信的時候，你愛回甚麼就回甚麼，但用同樣的方式回敬她，或者更好的是，你寫信告訴她，在這個國家，不存在任何宮女試圖影響太后，而且再說了，你也不是一個會說誰壞話的苛薄之人。如果你不想這麼說，就說卡爾小姐與你有私交，你肯定不會說她任何壞話的。」

因爲這個緣故，我中規中矩地回覆康格夫人的信，並且盡可能地正式。

整個下午，太后甚麼也不談，只談那幅畫像，最後她說：「卡爾小姐住在北京這段期間，我希望康格夫人不要派一位女傳教士來陪伴她，如果她這樣做了，我肯定會拒絕坐著給她畫像。」第二天一早，太監帶著我的畫像來了，在拿給太后看之前，宮裡的人都看了好幾眼，其中一些人認為這幅畫很像我，而另一些人則認為這幅畫畫得很差。當我告訴太后畫像已經到了的時候，她下令立即帶進她的寢室，她仔細端詳了一會兒，甚至好奇地摸了摸那幅畫，最後突然爆出一陣大笑，說：「這幅畫太有趣了，好像是用油去畫的。」（當然是油畫了。）「這麼粗糙的作品，我這輩子都沒見過。不過，這幅畫畫得很像你，我可以毫不猶豫地說，中國畫家沒有一個能畫出一模一樣的神情。你在這張照片中穿了一件很可笑的衣服。為什麼你的胳膊和脖子都裸著？聽說外國女人穿無袖無領的衣服，沒想到穿起來這麼難看醜陋，我無法想像你是怎麼做到的。我以為你會因為如此暴露自己而感到羞恥。不要再穿這樣的衣服了，拜託，這實在讓我太震驚了。可以肯定的是，這是一種多麼可笑的文明。這件衣服是只在某些場合穿，還是隨時都可以穿，即使有男士在場？」我向她解釋說，這是很平常的女士晚禮服，在晚宴、舞會、歡迎會等時候穿。太后笑著大喊：「這事越來越糟了，外國好像一切都很落後。在我們這裡，當有紳士陪伴時，我們連手腕都不露一下，但洋人似乎對此有很不同的看法。皇帝總是喊著改革，但如果這是一個例子，我們最好保持原樣。告訴我，你對西洋風俗習慣的看法是否有所改變？你不覺得我們的風俗習慣好得多嗎？」當然，看到她已經有這麼深的偏見，我不得不說「是的」。她又仔細看了看畫像，道：「爲什麼你的臉一面塗成白色，另一面塗成黑色？這不自然，你的臉不是黑色的，你半邊脖子也塗成黑色的了，這是怎麼回事？」我解釋說這只是陰影，並且完全根據畫家從所在位置看到的陰影來繪製。太后又問：「你覺得這位女畫家會把我也畫成黑的嗎？這是要送到美國去展覽的，我不希望那邊的人想像我的臉是半白半黑的。」我不想告訴她眞相，她的肖像很可能和我的一樣，所以我向太后保證，我會告訴畫家她希望怎麼畫。接著她問我知不知道女畫家打算何時開始作畫，我說女畫家還在上海，但康格夫人已經寫信讓她來北京做必要的準備。一個星期後，我收到卡爾小姐的來信，通知我她打算立刻前來北京，如果太后允許她畫這幅畫，她會很高興的。我把這封信翻譯給太后聽，她說：「我很高興你認識這位女士本人，這會讓我輕鬆一點兒，你知道我可能會想告訴卡爾小姐一些不好讓康格夫人知道的事情。我的意思是，有些對卡爾小姐說的話，如果讓康格夫人聽到了，會給她留下我很難取悅的印象。你明白我的意思，因爲這位女士是你的朋友，你可以用不冒犯她的方式告訴她事情，而且我再重申一次，如果不是因爲她是你的朋友，我根本不會讓她來這裡，因爲這實在違反我們的規矩。」

挑選畫畫吉時

農曆閏五月三日，慶親王通知太后，畫家已到北京，正與康格夫人在一起，她想知道太后屬意何時開始作畫。現在容我解釋一下，中國的農曆年包含的月份數量不盡相同，例如，這一年是一般的十二個月，下一年可能就有十三個月，然後接下來的兩年可能各只有十二個月，再下一年又有十三個月，依此類推。在畫家提議訪問中國作畫的那一年，農曆年包含十三個月，有兩個五月。慶親王請太后指示卡爾小姐開始工作的日期，她回答說：「我明天給她答覆，我必須先查閱曆書，因為我不想在凶日開始動筆。」所以，第二天，在她平常的朝會之後，太后花了很長一段時間查閱曆書，最後她對我說：「根據我的曆書，接下來十天都沒有吉日。」她把曆書遞給我自己看，最終，她選擇了閏五月二十日的吉日開始工作。接著她必須再次查閱這本曆書，以便確定準確的開工時間，最後她確定在晚上七點開始。當她告訴我時，我非常擔心，因為那時天已經很黑了，所以我盡可能好聲好氣地向太后解釋說，卡爾小姐不可能在那個時間工作，太后回答說：「嗯，我們這裡有電燈，這對她來說應該很足夠了。」我只好解釋說，在人造燈光下作畫，得到的效果，不可能像在白天畫的那樣好。你看，我真的很想讓她改變時間，因為我確信卡爾小姐會拒絕在電燈下作畫。太后回答說：「真麻煩。我可以在任何光線下作畫，她應該也做得到。」經過一番商議，終於確定讓卡爾小姐從閏五月二十日上午十點鐘開始畫這幅肖像。說真的，當一切都決定好之後，我大大地鬆了一口氣。太監拿來我的畫像時，也帶了幾張我在巴黎期間拍的照片，但我決定不給太后看，以防她決定拍照而不是畫像，因爲這樣會更快，而且可以省去她每天坐著的麻煩。然而，第二天早上，當太后經過我臥室前的走廊時，她走進我的房間，不過只環顧四周，她說她看看我是否保持一切乾淨，井井有條。這是她第一次到我的房間來找我，我自然是無比尷尬，因爲她很少去宮女的房間。我不能讓她一直站著，也不能讓她坐在我自己的椅子上，因爲中國的習俗是皇帝和皇后只能坐在他們自己的寶座上，這些椅子通常由太監攜帶，太監則不論走到哪兒都跟著他們，因此我決定下令讓太監將她自己的凳子帶進來。正準備開口時，太后攔住我，說她會坐在房間裡的一張椅子上，這張椅子將會爲我帶來好運，於是她在一張安樂椅上坐下，一個太監把茶端來，我自己遞給她，沒有讓太監伺候她，這當然是宮廷禮儀，也藉此表達我的尊重。

喝完茶後，她起身在屋子裡轉了一圈，檢查所有東西，打開我所有的櫃子、抽屜和盒子，看看我的東西是否擺放整齊，碰巧她瞥了一眼房間的一個角落，驚呼道：「那個桌子上的那些照片是什麼？」然後走過去端詳它們，一拿起，她非常驚訝地叫著：「怎麼，都是你自己的照片，比你的畫像好多了，照片中的人更像你，你之前怎麼不拿給我看呢？」我幾乎不知道該怎麼回答，當她看到我對她的問題感到非常尷尬時，她立即開始談論其他事情。當她看到我們當中任何人沒有對她的問題做好充分準備時，她經常這麼做，但她肯定會在未來某個時候重新打開這個話題，到那個時候，我們就得直接回答問題。

順帶一提，這些照片都是穿著歐洲服裝拍的。看了照片良久之後，太后說：「現在這些照片很好，比你的畫像好多了，不過我已經答應了，我想我一定要畫的。但是，如果我拍照片，完全不會影響肖像畫的進行。唯一的麻煩是我不能請一個民間的專業攝影師進宮，這幾乎是不可能的。」

幫太后拍照的哥哥

我的母親於是向太后解釋說，如果她想讓人幫她拍照，我的其中一個兄弟學攝影學了好一段時間，他什麼都能做。

我說明一下，當時我有兩兄弟都在宮裡，他們在太后的手下任職，一個負責頤和園的所有電燈安裝，另一個負責她的御用小汽船。滿族官員的兒子在宮中擔任某些職位兩三年是慣例，他們完全可以自由地在宮殿內走動，每天都能見到太后，太后對這些年輕人一向很和藹，和他們聊天時也像慈愛的母親一般。這些小伙子每天早上都得早早的來到宮中，但宮裡是不允許男人過夜的，他們當然要在完成一天的工作後就離開。

太后聽了我母親的話，大吃一驚，問爲何從來沒有人告訴她我哥哥是學攝影的，我母親回答說，她不知道太后要拍照，她自己也不敢提出這樣的建議。太后哈哈一笑，道：

「你喜歡什麼都可以提出來，因爲我想嘗試任何對我來說新鮮的東西，反正外邊的人不會知道。」她下令立即派人去接哥哥。他一到，太后就對他說：「聽說你是個攝影師，我給你找點事做。」哥哥跪著聽太后講話，這是宮裡的禮數，除了宮女之外，每個人在太后對他們說話時都必須跪下，就連皇上本人也不例外。當然，服侍太后的宮女是特准不必下跪的，因爲她成天對我們說話，而且是她下令我們不必下跪的，因爲那樣會浪費很多時間。

太后問哥哥什麼時候可以來給她拍照，怎樣的天氣才能拍攝，哥哥說那天晚上他要回北京取相機，此後她想什麼時候拍都可以，因爲天氣不影響拍攝工作，所以太后決定第二天早上就給她拍照。她說：「我想在朝會的時候先拍一張我坐在椅子上的照片，之後你可以拍一些其他的。」她還問我哥哥她要坐多久，得知只要幾秒鐘就足夠了，她甚爲詫異。接下來，她詢問要多久才能完成，讓她可以看到照片，我哥哥回答說，如果早上拍攝，當天下午晚些時候就可以完成了。太后說那眞是好極了，並表示希望看他工作。她告訴哥哥，他可以選擇在宮內任何一個房間工作，並且命令太監做好一切準備。

次日天氣晴朗，早上八點鐘，哥哥拿著幾台相機在院子裡等著，太后來到院子裡一一檢查，她說：「你可以用這樣的東西拍一個人的照片，眞是太有趣了。」給她講完了拍照的方法，她吩咐其中一個太監站在鏡頭前，讓她隔著鏡頭，看看到底是什麼樣子，太后驚呼：「怎麼你的頭是顚倒的？你是用頭還是腳站著？」所以我們解釋照片拍好之後不會看起來像那樣。她對自己的觀察結果感到開心，並且嘖嘖稱奇。最後她讓我去站在那裡，因爲她也想透過這塊玻璃看看我，然後她和我交換了位置，希望我能透過玻璃看她，看看我是否能看清楚她在做什麼。她在鏡頭前揮了揮手，當我告訴她時，她很高興。

接著她坐進她的鑾轎，命令轎夫前進，當太后經過相機時，哥哥在行進隊伍中拍了另一張照片，經過相機之後，她轉身問哥哥：「你拍照了嗎？」聽到他回答有，太后說：「你爲什麼不告訴我？我看起來太嚴肅了。下次你要拍照的時候先告訴我，這樣我就可以試著看起來親切一點。」

我知道太后非常高興，當朝會時，我們在屏風後面，我注意到她似乎很想趕快退朝，以便多拍些照片。她只用了大約二十分鐘就讓那次特別的朝會結束了，這非常罕見。

等人都散去以後，我們從屏風後面走出來，太后說：「我們走吧，趁現在天氣好，再拍幾張。」於是她走到朝殿的院子裡，哥哥在那裡準備了相機，又拍了一張照片。她說她希望坐在寶座上拍幾張照片，就好像她在主持朝會一樣。我們只用了幾分鐘就在院子裡準備好一切，屛風放在寶座後面，腳凳也爲她準備好了，她吩咐一位宮女去拿幾件袍子給她挑選，與此同時，我去帶來一些她最喜歡的珠寶。她下令將她在接待埃文斯海軍准將和夫人的會面時穿的兩件禮服，以及她在不同場合所戴的珠寶帶進來。她照了兩張穿著這些服裝的照片，每件衣服一張。接下來，她想要穿著一件沒有任何刺繡的素色旗袍拍一張。

然後她命令哥哥去沖洗已經拍好的照片，因爲她很想知道它們看起來怎樣。她對哥哥說：「你等一下，我想和你一起去，看看你是怎麼沖洗相片的。」當然，之前我原本認爲沒有必要向太后解釋甚麼是顯影、暗房等，所以現在我盡可能地向她解釋整個過程。太后答道：「無所謂。我想去看看那個房間，不管裡面有甚麼。」所以我們都移步到暗房，去看哥哥處理照片。我們挪來了一張椅子讓太后坐下，她對哥哥說：「你要忘記我在這裡，照常做你的工作。」她看了一會兒，見底片顯影得這麼快，她很高興，哥哥把底片舉到紅色的燈前，讓她看得更清楚。太后道：「不是很清楚，照片裡是我沒錯，可是爲什麼我的臉和手這麼黑？」我們向她解釋說，當影像印在紙上時，這些黑點會顯示爲白色，而白色部分則會變暗。她說：「嗯，活到老，學到老。這對我來說眞的很新鮮。我很高興我建議拍照，只希望我也喜歡肖像畫。」她對哥哥說：「等我下午休息完再洗出這些照片，我想看你是怎麼處理的。」大約三點半起床以後，一如往常，她很快地著好裝，立刻前去暗房，在那兒，哥哥已經把相片紙和所有工具都準備好了，接著他向太后展示了照片是如何印出來的。現在正値夏天，光線充足，而此時才下午四點，太陽還高掛在天上。太后看哥哥印照片就看了兩個小時，她很高興看到每張照片都清晰地呈現出來。在審視這些照片時，她同時把第一張拿在手裡拿了很久，以至於再回頭看第一張的時候，發現它變得很黑。她完全不瞭解爲何會這樣，驚聲說道：「怎麼變黑了？這是不祥之兆嗎？」我們跟她解釋說相片印出來以後一定要水洗，否則強烈的光線會導致照片褪色，就像這張一樣。她說：「太有趣了，竟然有這麼多的事要做。」

印完之後，哥哥像往常一樣將照片放入藥水盆中，最後用清水沖洗。看到照片成品如此清晰，太后更加驚訝了，她不禁感嘆道：「太不可思議了，一切都那麼眞實。」等沖洗完畢，她把照片全都帶到自己的房間，坐在她的小寶座上，凝視良久，她甚至拿起鏡子，將自己的鏡中影與剛剛拍攝的照片進行比對。

這段期間，哥哥一直站在院子裡，等待著太后的進一步命令，她突然想起這件事，說：「哎呀，我把你哥哥的事全忘了，這可憐的傢伙一定還站在那裡等著聽我下一個命令。你去告訴他——不，我最好自己去和他談談，他辛苦了一天，我想說點什麼讓他高興。」她命令哥哥每張照片洗出十份，並將他所有的相機留在宮中，以便他第二天繼續工作。

接下來的十天連綿不斷的下雨，讓太后很不耐煩，因爲要等到天氣好轉才能再拍照。太后想在朝殿上的寶座拍一些照片，可是這個房間太暗了，上面的窗戶都貼著厚紙，只有下面的窗戶可以透光，哥哥嘗試了幾次，但未能拍出好照片。

下雨的這幾天，太后要搬到三海，因爲皇上要在地壇祭祀，這是一個一年一度的儀式，並與所有其他年度儀式一樣，都以類似的方式進行。因爲下雨，太后命令船隻必須停泊於頤和園西岸，上船後，太后在官員的陪同下，前往紫禁城的西門，到達最後一座橋時就下船了，轎子在那兒等著我們，我們乘著轎子到了三海入口，在那兒我們再次上船，穿越整座湖，大約一英里的距離。過湖時，太后注意到許多荷花已經完全盛開，她說：「我們至少要在這裡待上三天，我希望天氣變好，因爲我想在湖上的敞篷船裡拍一些照片。我還有另一個好主意，那就是我想要拍我扮成觀音的樣子，兩位太監打扮成侍從，裝扮必備的長袍是前段時間做的，我有時候會穿上，每當我生氣或擔心任何事情時，我就扮成觀音大士來幫助自己平靜，然後我就能扮演我所象徵的角色。我必須說這確實對我幫助很大，因爲它讓我記得世人看我是大慈大悲的。有了我穿著這件服裝的照片，我能夠在任何時候看到我應有的樣子。」

當我們到達她的宮殿時，雨停了。儘管地面仍然很濕滑，我們還是走到了她的寢室，太后的一個癖好就是喜歡在雨中出去走走，除非下大雨，否則她甚至不會使用雨傘。太監總是帶著我們的雨傘，但如果太后不用她的傘，我們當然不能使用我們自己的，宮裡所有的事都是這樣，如果太后想走路，我們也必須走路，如果她決定坐轎子，我們也必須坐轎子，唯一的例外是當太后走累了，下令拿凳子來讓她休息時，我們不能坐在她面前，而必須一直站著。比起紫禁城各殿，太后更喜歡三海的宮殿，因爲漂亮多了，能讓她的情緒緩和下來。

太后吩咐我們當天早點休息，因爲我們都走得很累，並說如果第二天天氣好，她就會拍攝她提議的照片。然而，讓太后失望的是，接下來的三天都一直下著雨，所以決定再多待幾天。就在我們逗留於此的最後一天，天放晴了，可以拍照了，拍完之後我們都回到了頤和園。

抵達頤和園後的第二天，太后說我們得準備畫家卡爾小姐的歡迎會所需的一切，她吩咐總管太監，下令讓其他太監不要和卡爾小姐說話，只在必要的時候以禮相待，我們宮女也收到類似的命令，此外，當卡爾小姐在場時，我們不能跟太后講話，皇上也收到類似的指示。太后下令將淳親王府收拾好，接著她對我們說：「我相信你們三個會照顧好這位女畫家，我已經下令讓外務部供應食物，唯一讓我擔心的是，我這兒沒有卡爾小姐吃的西餐。」她命令我們把我們的爐子搬到淳親王府，要是卡爾小姐想煮東西吃就能用了。她說：「除了要整天看著她，你們每天早上還要帶她去皇宮，晚上帶她回來，我知道這會很麻煩，但我知道你們不介意，你們都是爲我盡心盡力的。」片刻之後，她笑了笑，說：「我眞是自私，我命令你們把所有的東西都帶到這裡來，那你們父親怎麼辦？最好的辦法是請你們父親一起住在這裡，鄉下的空氣可能對他有益。」我們磕頭謝過太后，因爲這是一個特殊的恩惠，以前沒有任何官員或其他人獲准住在淳親王府。我們都非常高興——我現在每天都能見到我的父親。迄今爲止，我們只能每個月見他一次，而且還要特別請假。

第二天，太后派我們去淳親王府，爲卡爾小姐的到來做好一切必要的安排。

這座淳親王府十分宏偉，所有較小的宅子都彼此分開，而不是按照習慣放在同一座大建築物中，有一座小湖，還有迷人的小路可以散步，就像太后的頤和園一樣，但當然規模要小得多。我們選擇了這些小宅或避暑別墅的其中一間，作爲卡爾小姐在北京這段時間內的住所，並把它好好裝修一番，讓她盡可能舒適。我們自己要住在卡爾小姐的隔壁房子裡，這樣我們就可以隨時待命，而且方便密切注意她的行動。當天晚上，我們回到頤和園，告訴太后一切都安排妥當，她說：「我希望你們都要小心，不要讓這位女士知道你們在監視她。」她似乎對此很焦慮，在卡爾小姐到來之前的幾天裡，她重複了這些指示。

開始作畫

在歡迎會到來的前一天，太后終於對一切都很滿意，這讓我大爲寬心。那天晚上她命令我們早點退下，因爲她想好好休息，讓自己明早起來有很好的狀態。到了第二天早上，我們每件事都很快地完成，甚至連平常的朝會也是，這樣我們就可以在卡爾小姐到來時做好準備。

當我站在屏風後面時，像往常一樣，一個太監來了，他告訴我康格夫人、畫家和另一位女士已經到了，他們現在於休息室內等候。當時朝會即將結束，總管太監進來告訴太后，外國的小姐們都已經到了，正在另一個房間等著。太后對我們說：「我想我會去院子裡，在那裡迎接她們。」當然，在所有的私人會面時，太后都是在寶座上接待人們，但由於卡爾小姐僅僅是位客人，她認為沒有必要經過一般的正式接待。

當走下台階時，我們看到女士們進入了庭院的大門，我向太后指出卡爾小姐，發現她非常銳利地注視著卡爾小姐。到了院子裡，康格夫人上前迎接太后，介紹了卡爾小姐。太后對卡爾小姐的第一印象很好，卡爾小姐笑起來很宜人，一向喜歡看到親切笑容的太后低聲對我叫道：「她好像是個很開朗的人。」我回答說我很高興她這麼想，對於卡爾小姐會給太后留下甚麼印象，我很不安。卡爾小姐和我打招呼時，太后一直看著我們，我看得出來她很滿意。後來她告訴我，她注意到卡爾小姐似乎很高興再次見到我，並說：「我想我們是很容易應付她的。」太后接著去了她自己的宮殿，我們都跟了上去，到達宮殿時，卡爾小姐告訴我她帶來了自己的畫布，這是一塊大約六英尺乘四英尺的一塊布，之前我曾告訴卡爾小姐，太后不想坐著給非常小的肖像作畫，她想要一幅眞人大小的肖像。當太后看到畫布時，她似乎非常失望，因為在她看來，即使是那張畫布也不夠大。我們為卡爾小姐準備好了桌子，太后讓她選擇她作畫的位置，我知道卡爾小姐很難選擇一個好的位置，因為窗戶都建得這麼低，除了靠近地面的低處外，幾乎沒有光線，不過，卡爾小姐最後還是把畫布放在了房門附近。太后讓康格夫人等人坐下，她想換穿另一件袍子。我跟著她進了她的寢室，太后問的第一個問題是，我覺得卡爾小姐幾歲了，因爲她自己也猜不出她的年齡，她的髮色很淡，實際上幾乎是全白的。聽到這話，我忍不住笑出聲來，告訴太后卡爾小姐的頭髮天生就是淺色的。太后說，她經常看到金髮的女人，但除了老太太之外，從來沒有見過白頭髮的女人，她說：「不過我覺得她人很和氣，希望她能畫好肖像。」

太后轉向一位宮女，吩咐她去拿一件黃色袍子，雖然她說她不喜歡黃色，她認爲這個顏色用在肖像畫裡是最好的。她從宮女帶來的眾多袍子中挑選了一件，上面繡滿紫色的紫藤花，鞋子和手帕也搭配這件袍子，她還戴著一條藍色的龍華，上面繡著許多「壽」字，每個字的中心都有一顆珍珠，她並且戴著一對玉鐲以及玉護指。此外，她頭飾的一側上有玉蝴蝶和流蘇，另一側則像平常一樣戴著鮮花。太后在那時看起來確實很漂亮。

當她從房間出來時，卡爾小姐已經把所有的東西都準備好了，當她看到太后的打扮時，她驚嘆道：「太后穿這件衣服眞漂亮。」我把這句話翻譯給太后聽，她很高興。

她坐在寶座上，準備爲這張照片擺姿勢，她只是以一個普通的輕鬆姿勢坐下，一隻手放在墊子上。卡爾小姐解釋說：「那個姿勢很好，太自然了，請不要動。」我把卡爾小姐說的話告訴太后，她問我她看起來還好嗎，如果沒有，她會改變她的姿勢，我向她保證，她那個姿勢看起來非常大氣。不過，她還詢問了皇后和一些宮女的意見，她們都認爲她看起來再好不過了。我看得出來，她們根本沒在看太后，她們對卡爾小姐正在作的事太感興趣了。

當卡爾小姐開始畫太后的草圖時，每個人都張大嘴巴看著，因爲她們從來沒有見過一件事可以這麼輕鬆自然的完成，皇后輕聲對我說：「雖然我對肖像畫一竅不通，但我還是看得出她是一個好畫家。她從來沒有見過我們的衣服和頭飾，而她卻畫得一模一樣。想想看，若是中國畫家試著畫一位外國女士，他會畫得一團糟。」

草圖完成後，太后很高興，認爲卡爾小姐能這麼快、這麼準確地完成眞是太好了，我解釋說這只是一個粗略的草圖，當卡爾小姐開始正式作畫時，她很快就會看到不同之處。太后讓我問卡爾小姐她是否累了想休息，還告訴她，她一整天都很忙，每天只能坐幾分鐘讓她作畫。接著我們帶卡爾小姐和康格夫人一起吃午飯，飯後我們陪太后去戲樓。

康格夫人走後，我帶著卡爾小姐到我的房間休息，我們一到，太后就派太監叫我去她的寢室，太后說：「我不想讓這位女士在我下午休息的時候畫畫，她可以同時休息，我一起床你就能帶她來畫，我很高興結果看起來比我預想的要好。」因此，我告訴卡爾小姐太后的意思，如果她願意，在太后午休後，她可以再畫一段時間。卡爾小姐對太后非常感興趣，她告訴我她根本不想休息，她想馬上繼續作畫。當然，第一天我不想跟她多說，因爲這可能會讓她不高興，我也沒有說這是太后的命令，運用了許多策略，我讓她放棄吃完午飯後繼續畫下去的想法，而不是冒犯她。正當太監正在我們所在的房間裡爲太后布置晚餐時，我把她帶到遊廊上，皇后跟卡爾小姐不停地說話，我則擔任翻譯。很快地，一個太監來了，他告訴我們，太后已經吃完了晚飯，我們可以進去吃了。一進房間，我很驚訝地看到餐桌旁放著椅子，因爲以前從來沒這麼做過，除了太后之外，每個人都站著吃飯。皇后也很驚訝，問我知不知道這是怎麼回事，我說也許是因爲卡爾小姐在那裡的緣故。皇后讓我過去問問太后，因爲她不敢在沒有接到命令之前坐下，太后低聲對我說：「我不想讓卡爾小姐以爲我們像蠻夷那樣對待皇后和宮女，她不了解我們的宮廷禮儀，可能會形成錯誤的印象，所以你們可以坐下來，不用過來感謝我，但要自然，就像你每天都坐下來吃飯一樣。」

太后洗完手後來到我們的餐桌旁，當然，我們全都站了起來，太后讓我問卡爾小姐她是否喜歡這裡的食物，當卡爾小姐回答說，比起她自己國家的食物，她更喜歡這裡的食物時，太后很高興，這讓太后鬆了口氣。

晚餐結束後，我告訴卡爾小姐要向太后道別，我們向她行禮，也向皇后行禮，並向宮女們道了晚安，然後我們就帶著卡爾小姐去淳親王府，乘坐轎子大約十分鐘後就到達。到了王府，帶卡爾小姐去她的臥室後，我們非常高興地回到自己的房間，因爲總算能好好休息了。

第二天早上，我們帶著卡爾小姐進宮，並在朝會期間到達那裡。當然，卡爾小姐是外國人，不能進入寶座後的小房間，所以我們就在朝殿後方的遊廊上坐著等到朝會結束。無法像往常一樣每天早上參與朝會，讓我非常失望，因爲我無法了解現在發生了甚麼事。此外，在我入宮期間，我的一個目標是努力讓太后對西方的習俗和文明產生興趣，我相信在很大程度上，太后對這些事情是感興趣的，而且她也將我們談話的主題內容轉述給她的大臣，諮詢他們的意見。例如，我曾經向太后展示我在法國參觀海軍閱兵時拍攝的照片，她似乎印象深刻，並表示她非常希望能夠在中國舉行類似的操演。關於這件事她諮詢了大臣，但他們通常都推託：「那會耗費很多時間。」從中你可以看到，推行改革不是太后一個人能決定的事，儘管她可能希望這樣做，但她必須諮詢諸位大臣，雖然他們總是同意太后的意見，但卻往往建議往後推遲。

根據我在宮中的經驗，每個人似乎都害怕提議任何新的事物，因爲擔心可能會惹上麻煩。

當太后從朝堂出來時，卡爾小姐走到太后面前親了親她的手，這讓她非常驚訝，雖然當時她沒有表現出來，然而，後來當我們獨處時，她問我卡爾小姐爲什麼要這樣做，因爲這不是中國人的習慣。她很自然地覺得這必定是洋人的習慣，所以也就沒有多說什麼。

接著，太后步行前往她的宮殿，爲坐著畫像換上衣服。這個早晨天氣甚好，當她姿勢擺了大約十分鐘時，她告訴我她覺得太累了，無法繼續，並問是否可以請卡爾小姐晚一點再畫，我解釋說，卡爾小姐要在宮裡待一段時間，推遲一天作畫不會有太大影響。雖然我知道卡爾小姐想當然耳會很沮喪，我還是要盡可能地順應太后，否則她可能會把整件事完全放棄。卡爾小姐說，如果太后想休息，她可以畫屏風和寶座，如果太后願意，可以稍後再擺姿勢。這讓太后很高興，她說她在下午休息後會試著再坐下來。太后命令我每天十二點在我自己的房間裡給卡爾小姐吃午飯，我的母親、妹妹和我自己陪她吃。宮中的晚餐一般在六點鐘左右，卡爾小姐也安排在這個時間吃飯，在太后吃完飯後，她便與皇后和宮女共進晚餐。太后還吩咐要上香檳或卡爾小姐喜歡的任何一種酒，因爲她說她知道所有外國女士在用餐時都要喝酒。她是從哪裡得到這個想法的，沒有人知道，我相信太后是被某人誤導了，但此刻就試圖糾正她，並不妥當，在這些事情上，她非常不喜歡被人指出錯誤，只能靜待時機到來，並且不經意地提起這件事。

下午卡爾小姐去休息之後，太后派人來找我，問了一個她常問的問題，即：卡爾小姐說了什麼等等，她似乎特別想知道卡爾小姐對她的看法，當我告訴她卡爾小姐說她很漂亮，看起來很年輕時，她說：「哦！好吧，當然卡爾小姐會這樣對你說。」然而，當我向她保證沒有人要求卡爾小姐這麼說，這是卡爾小姐自己的意見時，她非常清楚地表明她對這種恭維完全沒有任何不悅。

太后忽然說道：「我一直在想，如果卡爾小姐能畫屏風和寶座，那她肯定也能畫我的衣服和珠寶，不用我一直擺姿勢。」我告訴她那是完全不可能的，因爲沒有人能光是拿著東西就讓卡爾小姐得到應有的效果。令我驚訝的是，她回答說：「嗯，這很容易解決。你穿戴這些，代替我坐著給她畫像。」我幾乎不知道該說什麼，但我想，告訴她也許卡爾小姐不喜歡這樣的安排，我就能擺脫困境，然而，太后不認爲卡爾小姐能有任何反對意見，因爲她自己可以到了畫臉的時候再去擺姿勢。於是我盡量好聲好氣地把事情告訴卡爾小姐，最後的安排是，每當太后覺得太累不能自己擺姿勢時，我就穿戴太后的袍子和珠寶，這就是畫太后畫像的方式，除了有幾個小時讓卡爾小姐看清太后的表情外，我每天都要早上坐兩個小時，下午再坐兩個小時，直到肖像畫完成。

第十四章　皇上萬壽

光緒皇帝的生日

在我父親的四個月假期已經結束，農曆六月初一，太后與皇上接見他，他的身體好了很多，但風濕病還是困擾著他，在爬朝殿的台階時，這個問題尤其明顯，太后看了趕緊吩咐兩個太監幫忙。

他首先感謝太后對我和妹妹的慈恩，然後按照慣例，摘下帽子跪著磕頭，直到頭觸著地。得到太后和皇上特殊恩惠的官員總是必須進行這個儀式。

接著他把帽子戴回頭上，繼續跪在寶座前，太后隨後詢問他在巴黎的生活，不時稱讚他的工作。太后見持續這樣跪著似乎讓他有些撐不住，便吩咐其中一個太監拿一個墊子給他使用，這又是一項莫大的榮幸，因爲這個坐墊過去只有領班軍機大臣才能使用。

太后說，他現在年紀大了，她不打算再送他離開中國，因爲她想讓我和妹妹留在宮裡，如果送他出國，她就沒辦法這麼做了，因爲他會想帶著女兒一塊兒去。她說，雖然我們離開中國這麼久，但我們很熟悉滿人的規矩，對此她很高興。父親回答說，按照自己國家的規矩來撫養我們是他的責任。

太后問皇上有什麼話要說，他問父親會不會說法語，知道父親不會說以後，他覺得很奇怪。父親解釋說他根本沒有時間學法語，而且他覺得自己太老了，沒辦法再學外語了。

皇上接著問法國人對中國的感覺如何，父親回答說，他們非常友好，但在義和團事變之後，公使一職就變成一個非常尷尬的位置。太后說這是一起不幸的事件，但她很高興現在一切都得到圓滿的解決。最後，她要父親盡快恢復健康，會面就結束了。

之後太后說，我父親從法國回來後，看起來老多了，他必須仔細照料身體，放寬心，直到他恢復健康。太后對妹妹和我很好，我父親表示感激，太后感到非常高興。

現在已經開始準備慶祝光緒皇帝的萬壽節，活動將於當月二十八日舉行。皇上誕辰的實際日期是農曆六月二十六日，但這一天是也同治皇帝的忌辰，我們無法舉行任何慶典，所以反而總是在二十八日慶生。官方慶祝活動持續了七天，即實際日期的前三天和後四天，在這段期間，宮裡所有的人都身著正式的禮服，全部的日常事務都停止進行。這是皇上的三十二歲生日，因爲每十年整壽才舉行一次完整的慶祝活動，例如二十歲生日、三十歲生日等等，所以這次的慶祝活動的規模並不大，不過，還是足以讓所有日常事務都暫停，平時的朝會在這七日之內都停辦了。

太后本人是唯一一個不爲這些慶祝活動而特別穿禮服的人，她也不積極參加。沒有大肆慶祝的另一個原因是，按照滿族規矩，太后在世，她的地位高於皇上，她也是國家的實際統治者，皇上很清楚這一點，每當皇后下令開始準備慶祝活動時，皇帝總是建議，除非正好是十年的整壽，否則完全沒有必要慶祝，並且會非常勉強同意舉行慶典。當然，這更多是出於皇上的禮貌，也是爲了符合公認的禮節，但這一天既然是國定的節日，國家自然會按照慣例慶祝。因此，在這段期間，肖像畫的事就被擱置了。

到了二十五日早晨，皇上身穿正式禮服，內著繡著金龍的黃袍，外披紅黑色外褂。作爲皇帝，他戴了一顆大珍珠來代替官帽上通常的頂珠。我應該提一下，皇帝是唯一可以佩戴這顆特別的珍珠以代替頂珠的人。他一如往常來祝太后吉祥，接著抵達太廟，在祖先牌位前祭祀先人。儀式結束後，他回到太后身邊，向她磕頭。所有中國人在自己生日那天都會向父母磕頭，以表示孝順與尊敬。皇上隨後前往朝殿，所有大臣齊聚一堂，他在那兒接受他們的敬拜和祝賀。這個儀式經常讓我感到好笑，因爲幾百個人上上下下地屈膝行禮，實在是一個非常有趣的景象，尤其當他們沒辦法齊一動作的時候，連皇上自己都忍不住笑了，這眞是個難得一見的奇觀。

儀式期間使用的樂器值得稍微介紹一下。主要樂器由硬木製成，底部平坦，直徑約三英尺，圓穹頂部離地約三英尺，中空，鼓錘是用同樣材料製成的長桿，需要時，由專職官員全力敲擊，聲音之大可以想見。這鼓聲是宣布皇上登上御座的信號。除此之外，還有一個同眞虎一般大小的老虎模型被帶到院裡，這也是用類似的硬木製成的，背部有二十四塊鱗片，這個樂器不用敲打發出樂音，而是沿著它的背部在鱗片上刮擦，發出類似於無數爆竹同時發出的聲音，在整個儀式中全程刮嘈作響，鼓聲和這種老虎樂器發出的音響，震耳欲聾。儀式當中，司儀常常喊著不同的口令，例如下跪、鞠躬、起立、叩頭等等，但混雜著這聲響，他喊的根本一個字都不可能聽得見。另一種樂器由一個木框架組成，大約八英尺高，三英尺寬。這架子上橫著三根木條，上面懸掛著十二個純金製成的編鐘。當用木棒敲擊它們時，聲音與揚琴有點類似，當然，只是響亮得多。這被放置在朝殿的右側，左邊放著類似的樂器編磬，只是它是用白玉雕刻而成的，發出的樂音非常甜美。

大臣朝賀的儀式結束後，皇上前往他的宮殿，在那裡聚集了皇后、瑾妃和所有的宮女，在叩頭之後，所有宮女在皇后的帶領下，跪在他面前，遞給他一個如意。如意是柄狀的物品，有的用翠玉製成，有的則是用木頭鑲嵌玉石製成的。這個如意是幸運的象徵，會爲得到它的人帶來幸福快樂與榮華富貴。儀式在弦樂的伴奏下進行，十分悅耳。

隨後，皇上接見了太監，儀式類似，但沒有音樂伴奏。太監結束後，婢女進入，然後全部儀式就結束了。皇上接著前往太后宮殿，跪在太后面前，感謝太后爲他舉行的慶祝活動，接著，太后在所有宮眷的陪同下到戲樓看戲。到了戲樓，太后贈與我們甜食，在這樣的盛典，此爲慣例。過了一會兒，太后回房睡午覺，慶典就這樣結束了。

不停哭的太后

慶典結束兩天後就是農曆七月了。七月初七是另一個重要的節日。牛郎（摩羯座）和織女（天琴座）這兩顆星星應該是農業和紡織業的守護神，根據傳說，他們曾經是夫妻，然而，在一場爭執之後，他們被貶謫，「銀河」將他們永遠分離，只有在每年的七月初七，他們可以見面，喜鵲會搭一座橋讓他們相會。

儀式有些特別。拿幾個裝滿水的盆子放在陽光下曝曬，接著，太后拿了幾根細針，在每個盆子裡都放一根，這些細針漂浮在水面上，在水盆底部就會產生影子，影子根據針的位置不同而型態各異，如果出現了某些特定的樣子，投針的人就被認爲是幸運和聰明的，如果是其他樣子，這個人就是笨拙的。此外，太后還燒香供奉了牛郎織女。

七月對太后來說是一個悲傷的月份，她的丈夫咸豐皇帝是七月十七日去世的，每年七月十五是中元節，一大早，所有宮眷就到三海去祭拜亡靈。中國人認爲，人死後魂魄仍然留在人間，每逢中元節，他們就燒紙錢，相信燒得越多，亡者得到的錢越多。在這個節日，太后派了數百名佛教僧侶爲那些不幸死去的孤魂野鬼誦經。這天傍晚，太后和宮女們乘著船，在湖面上佈置紙糊的荷花燈籠，中間放一支蠟燭，形成漂浮的光，意思是爲那些在這一年離世的人的魂魄提供明燈，使他們能夠前來享用爲他們準備的祝福。太后命令我們自己點燃蠟燭，將花放在水面上，因爲她說亡魂會感受到的。一些太監告訴太后，他們確實見過鬼，太后完全相信他們的話，雖然她自己從未見過，她認爲這是由於她位極人尊，鬼魂怕她，但她命令我們其他人保持警惕，如果看到甚麼就要告訴她。當然，我們什麼也沒看到，但是很多宮女都嚇得閉上眼睛，生怕自己看到了什麼超自然的東西。

太后對已故的咸豐皇帝十分鍾情，在此期間她非常悲傷。我們都必須非常小心，不能以任何方式讓她不高興，即使是極爲輕微的不對勁，都能觸發她找碴。她鮮少對我們說話，幾乎不停地哭，先帝都已去世這麼多年，我完全無法理解爲什麼她會如此悲痛。在整個七月期間，沒有一位宮女能穿顏色亮麗的禮服，我們都穿著深藍色或灰藍色的衣服，太后則每天都穿著黑色衣服，無一例外，就連她的手帕都是黑色的。通常在每個月的初一和十五開放的戲樓，七月的時候關閉。沒有音樂，所有的事情都以最莊嚴的方式進行；事實上，整座皇宮都在沉痛地哀悼。

太后說自己的故事

七月十七日上午，太后祭祀先帝，跪在牌位前哭了半晌。爲了表達對先帝的敬意，我們三天之內不許吃肉。這是我在宮裡的第一年，在習慣了歡樂和喧囂之後，這對我來說非常奇怪。當然，我爲太后感到非常難過，我看得出她是發自內心的哀痛，完全不是裝的。因爲當時她很喜歡我，所以在這段悲傷的時光裡，她一直讓我陪在身邊。

有一天，皇后對我說：「太后很依賴你，我看你這段期間就待在她身邊吧。」我就是這樣做的，我自己也很難過，以至於當太后開始哭泣時，我也會哭，太后見我哭，就會馬上停下來，叫我別哭，她會告訴我，我太年輕了，不能哭，更何況我還不知道什麼是眞正的悲傷，那段期間，在聊天的時候，她告訴我很多關於她自己的事情。

有一次太后說：「你知道我從小就過得很苦，和父母住在一起時我並不快樂，因爲他們最疼的並不是我，我的妹妹要甚麼有甚麼，而我卻總是遭到冷落。剛進宮的時候，很多人都覺得我很漂亮而嫉妒我，我必須說幸好我還算聰明，我爲自己拚命奮鬥，也贏得勝利。我剛進宮的時候，先帝對我非常寵愛，對其他女人幾乎看都不看一眼，幸好我生了個兒子，讓我成爲先帝當之無愧的寵妃，但從那時候開始，我的運氣急轉直下。先帝在位的最後一年，他突然病倒了，再加上洋兵燒毀了圓明園的宮殿，我們就逃到熱河。當然，大家都知道當時發生了什麼事，我還是一個年輕的女人，有一個垂死的丈夫和一個年幼的兒子，東太后的侄子是個壞人，他意圖把持皇位，但他無論如何都沒有權利，因爲他沒有王室血統。我希望任何人都不要遭遇我當時所經歷的一切。當先帝彌留，對於發生在他周圍的事情幾乎毫無意識的時候，我把兒子帶到他的床邊，問他誰將繼承大統。他沒有回答這個問題，但是，在緊急情況下，誰都會不知所措，我也一樣，我對他說：『這是你兒子。』聽到這話，他立即睜開眼睛說：『他當然會繼承皇位。』當大位已定的時候，我便徹底放心。這句話幾乎是他的最後一句話，因爲他緊接著就駕崩了。雖然現在已經過去很多年了，但我現在還能看到他那垂死的狀態，彷彿一切都是昨天才發生的。

「我以爲我兒子當上皇帝我就可以享福，可惜他不到二十歲就去世了，從那時起我就變了一個人，因爲對我來說，當他駕崩的時候，所有的幸福都結束了。我和東太后之間也有很多齟齬，很難和她好好相處，還好她在我兒子死後五年就去世了。除此之外，當光緒皇帝還是三歲幼兒的時候，他被帶到我這裡來，那時他是個病得很厲害的孩子，幾乎不能走路，又瘦又弱，他的父母似乎不知道該給他吃些甚麼好。你知道他的父親是醇王，他的母親是我的妹妹，所以我對他視如己出，實際上我也是把他當兒子收養的。即使是現在，在我爲他吃了這麼多苦之後，他的健康狀況仍然不佳。如你所知，除了這些之外，我還吃了很多其他的苦，但現在提這些也沒有用，我對每件事都感到失望，因爲一切都不如願。」

說完這句話，太后又哭了起來。她繼續說道：「人們似乎認爲，僅僅因爲我是太后，我就一定活得稱心如意，但我剛剛告訴你的還不是全部，我經歷的遠不止這些。如果出了什麼問題，我總是受到指責，言官甚至敢偶爾彈劾我，但是，幸而我的涵養夠深，可以將這些都化為人生的哲理，否則我老早就是塚中枯骨了。試想一下，這些人是多麼的心胸狹隘，他們連讓我在炎熱的天氣裡移居頤和園都反對，儘管我住那裡也不應該有甚麼問題。即使你在宮裡的時間很短，你也可以看出我無法單獨決定任何事情，而每當他們想要什麼時，他們都會互相協商，然後向我提出他們的請求，我卻從沒想過拒絕，除非是非常重大的事情。」

太后祭完先帝之後，我們都回到了頤和園，卡爾小姐在那裡重新開始畫太后肖像的工作，太后顯然很快就厭倦了畫這幅肖像畫，有一天她問我什麼時候可以完成，她怕到天氣開始變冷的時候還畫不完，那個時候我們總是搬回紫禁城，她說在那裡繼續畫會很麻煩，也很不方便。我告訴太后，這很容易安排，她不必擔心。

在我代替太后擺姿勢幾天之後，太后問我卡爾小姐對此有沒有意見，我稟告太后，如果她有微詞，我就說這是太后的命令。我不敢在這方面表示任何意見，所以在那之後太后、我和卡爾小姐之間就沒有再生出其他風波了。然而，我和那些太監之間有很多不快，他們不顧太后的指示，對卡爾小姐一點也不客氣，卡爾小姐自己並不知道。我威脅向太后告狀，希望這樣能讓他們行為節制一點，這個方法一開始有效，但他們很快就故態復萌，一樣糟糕。

一進入農曆八月，就是太后移栽菊花的時候了，這是她最喜歡的花之一，所以她每天都會帶我們到湖的西邊，在我們的幫助下，切下幼苗的頂部並將它們放在花盆中。我非常驚訝，因爲沒有根，只有花莖，但太后向我保證，它們很快就會長成非常漂亮的植物。我們每天都過去給這些花澆水，直到它們開始發芽。萬一下大雨，太后會吩咐幾個太監過去，把這些菊花罩上墊子，免得花受到雨打而折損。太后的個性是，不管有多少事要忙，她的花都是最優先的，如果有必要，她甚至會放棄午休的慣例，親自監督。她也花了不少時間照料她的果園，那裡種了蘋果樹、梨樹等等。我開始注意到的另一件事是，春天和夏天過了以後，她就開始變得煩躁和悲傷，而她簡直受不了冬天，她討厭寒冷的天氣。

生病的太后

八月的某一天，太后有點兒病了，抱怨她頭疼得厲害，這是我唯一一次看到太后眞的生病了，然而，她早上像往常一樣起床，主持朝會，但無法吃午飯，很快就不得不躺回床上。幾位醫生被召來，每一位都給她把了脈。把脈有一定的形式，醫生們跪在床邊，太后伸出她的手臂，將她的手放在一個小枕頭上，這是爲把脈而準備的。然後，每個醫生都寫出他的藥方，每張內容各不相同。我們將藥方交給太后，由她選擇她認爲最好的一種，在她服用之前，兩名侍者和醫生本人必須在她面前服用一劑，接著她就開始服藥了。

這段期間雨下得很大，而且非常熱，一年當中，就以這個時候氣候最爲潮濕，這導致蒼蠅成群結隊地出現，如果說有甚麼是太后最厭惡的，莫過於這些蒼蠅。盛夏之時，牠們並不像這段期間那樣擾人。當然，他們採取了一切預防措施讓蒼蠅遠離，每扇門旁都有一個太監，每位都配有一個拂塵，用以驅趕蒼蠅。然而，我們從來沒有遭受蚊子的騷擾，事實上，我在宮中這段期間，我從未在宮殿裡看到過蚊帳。但這些蒼蠅令人憎恨，儘管甚麼都做了，還是有少數蒼蠅鑽入房間，每當牠們停在太后身上時，她都會尖叫，而如果有任何一隻停在她的食物上，她會下令扔掉所有食物。蒼蠅會破壞她一整天的胃口，也會讓她脾氣暴躁，不管在哪兒，只要看到有一隻靠近她，她都會命令在場的人抓住，我自己也經常接到這個命令，但我和太后一樣討厭牠們，牠們太髒了，一碰就黏在手上。

太后生病以後，有很長的一段時間身體總是不適，醫生經常來看她，她也吃了很多不同種類的藥，結果不但沒有好轉，反而變得更糟，最終她就發燒了。任何原因的發燒都讓太后非常害怕，我們不得不整日整夜陪在她身邊，只能利用離開她床邊的幾分鐘時間吃飯。另一個奇特的地方是，太后生病時，她討厭聞到香水，但當她感覺比較好的時候，她又沉浸在香水味中。她對鮮花也一樣；儘管她平常很愛鮮花，但當她生病時，她無法忍受附近有鮮花。她的神經極度緊繃，因爲她白天無法入睡，因此時間過得非常緩慢。爲了讓時間過得不那麼乏味，她吩咐一位受過良好教育的太監在白天讀書給她聽，通常都是讀中國古代歷史、詩歌和傳奇。太監給她唸書的時候，我們必須站在她的床邊，其中一人會分派去按摩她的腿，這似乎對她有些舒緩作用。我們每天都做著同樣的事，直到她大約十天以後完全康復。

有一天，太后問我：「發燒時西醫一般用什麼藥？我聽說他們讓你吃各種藥丸，這一定很危險，因爲你永遠不知道它們是用什麼做的。在中國，所有的藥都是天然的，我總能知道我吃的是不是對的藥，因爲我有一本書解釋每種不同藥的作用。我聽說的另一件事是西醫一般用刀給你做手術，而我們用藥來治療同樣的病。李連英告訴我，我們的一個小太監手腕上長了一個癤子，有人建議他去醫院，他們當然不知道西醫會怎麼做，當那裡的西醫用刀子切開癤子時，這孩子嚇壞了，聽說過幾天他就好了，我眞是驚訝。」

太后接著說：「一年前有一位外國女士來宮裡，聽到我咳嗽咳得很厲害，給了我一些黑色藥丸，讓我服用。我不想得罪她，所以我吃了藥，告訴她我會慢慢吃完，但我不敢吃就扔掉了。」我只好回答說我對藥物不是很了解，她回應說，我不舒服的時候她就看過我吃西藥，她接著道：「我當然知道北京有人吃西醫給他們開的藥，甚至我自己的一些親戚也光顧這些洋人，他們盡量不讓我知道，但我全都曉得。無論如何，如果他們選擇服用這些東西來自殺，那不關我的事，這就是爲什麼當他們生病時，我從不派我自己的醫生去看他們。」

當太后完全康復時，她經常去湖上遊玩，有時乘坐敞船，有時則是汽艇，她似乎總是很享受這類活動。不知道出於什麼原因，她總是執意要從湖的西邊走，湖水很淺，汽艇無可避免地很快就卡在泥裡，太后似乎覺得這很有趣，她單純喜歡汽艇卡在湖底的感覺，然後敞船就會開到岸邊，我們就必須離開汽艇，進入敞船，前往最近的山頂，觀看太監試圖重新讓汽艇浮起來。別人的煩惱就是她的快樂，這是太后的個性，太監們很清楚這一點，只要有機會，他們就會做一些他們認爲會取悅太后的事情。只要不是什麼嚴重的事情，太后總是不去干涉，但如果事態嚴重或者是出於大意，她總是會下令嚴懲他們，因此很難說到底該怎麼做才能取悅她。

太后的另一個特點是好奇，例如，我之前說過，太后每頓飯前都會吃甜食，吃完後把剩下的分給宮女，每當我們很忙的時候，我們根本不理會那些甜食，太后很快就發現了。

有一天，她吃完晚飯，透過窗戶看看我們在做什麼，見到一些太監正在吃她給我們的甜食，她什麼也沒說，只是下令把甜食再帶回來，讓我們以爲她自己還想要一些。我知道一定有甚麼問題，因爲她以前從未命令過把食物召回。當她看到剩下的食物時，她問誰吃了這麼多，因爲幾乎都吃完了，但沒有人回答——我們都太害怕了，不過，我想了想，還是把實情告訴她比較好，因爲我很確定，不論如何她一定知道，所以我告訴她，我們都很忙，忘了有甜食，太監來了就自己拿走了，我補充說，這不是他們第一次這樣做。我倒是很慶幸她給了我這個機會舉報太監，因爲太后回答說，如果她想讓太監吃甜食，她自己可以給他們一點，但她如此善意地賜給我們，我們卻不吃，她認爲是不懂感恩。她轉向我說：「我很高興你說了實話，因爲我親眼看到這一切。」她下令犯規的太監每人扣三個月的月俸作爲懲罰，但我很清楚他們完全不介意，因爲他們用其他方法賺來的錢是他們月俸的好幾倍。

我回到值班房時，一位宮女說：「太監的事你不該告訴太后，他們肯定會以某種方式報復的。」我問他們能怎麼傷害我，他們只是僕人，但她告訴我，他們會找到一些卑鄙的方式回敬我，他們都是這麼做的。我當然知道太監是壞人，但看不出他們能找到什麼理由對付我，我知道他們不敢對太后說我的壞話，所以我把這件事全忘了，後來我發現，他們對任何冒犯他們的宮女所使用的伎倆，就是試圖使太后對我們產生偏見。

例如，如果太后要我去做一件事，她讓其中一個太監轉達，而不是直接告訴我她想要什麼，太監會去另外一位宮女那裡告訴她，這樣一來，太后就會覺得是我自己懶得伺候她，當然那位女士就會得到所有的功勞。太后雖然對我很好，皇后也是，但是太監太難相處了，而得罪他們也不是一個好辦法，他們自認爲是慈禧太后的專屬僕人，不聽從別人的吩咐，因此對其他宮裡的女士往往都非常粗魯，連皇后也不例外。

靠近皇帝一點

一切如常進行，直到八月，皇上在「日壇」祭祀，在這個場合，皇上身著紅色朝服。

大約在這個時候，康格夫人要求私人會面，因爲她想見太后，同時看看肖像畫的進展。太后回答說會接待她，並且下令做好準備。在這次私人會見中，除了坎貝爾小姐（Miss Campbell）和一位女傳教士外，康格夫人還帶著她的兩個親戚來到宮裡面見太后。由於是私人會見，客人們被帶到了太后的宮殿，太后在女畫家畫室所在的大殿裡接待她們。

雖然太后對畫這幅肖像畫沒有耐心，並和我們提了很多次她不想作這幅畫，但當她看到康格夫人和其他人時，她還是非常有禮貌，並告訴她們這幅肖像畫將成爲傑作。那天她心情異常的好，叫我命令太監開放整棟建築物，展示給她的客人看。太后領著她們從一個房間到另一個房間，向她們展示了她放在不同房間裡的古玩，直到她在其中一間臥室休息，下令爲客人帶來椅子。這個房間裡有很多椅子，雖然它們看起來很普通，但它們其實是太后的小寶座。規矩是，不管是什麼椅子，只要她一使用，就立刻成爲她的寶座，此後除非她下令，否則任何人都不得坐在上面。

就在太監們把專供外國人使用的椅子搬進來的時候，同行的一位女士犯了錯，坐在太后的一個寶座上，我一下子就注意到了，還沒來得及警告她，太后就對我做了個惱火的手勢，我立刻去找這位女士，說我想給她看一些東西，她自然必須起身。麻煩的是，雖然太后覺得沒有人有權坐上她的寶座，但她希望我把這位女士從椅子上拉下來，卻又不能告訴她原因。

正當我忙著給她翻譯的時候，她低聲說道：「她又來了，坐在我的床上，我們最好離開這個房間。」之後，女士們被帶到茶點室，吃完午飯，向太后告別，留下卡爾小姐和我們在一起。像往常一樣，我們向她稟告我們已經安全地送走了客人，她對我說：「那個女人眞好笑，她先是坐在我的寶座上，然後是我的床上。也許她看到寶座的時候不知道那是甚麼，外國人卻嘲笑我們粗野無文，我敢說我們比他們有規矩得多。還有一件事——你有沒有注意到，康格太太進來的時候在院子裡把一個包裹遞給卡爾小姐？」我說我注意到她遞了一個包裹之類的東西，但不知道裡頭裝的是甚麼，於是她讓我去問卡爾小姐。那時，我接到了許多來自太后的奇特命令，最後我就習慣了，並根據自己的判斷來執行她的命令，所以我沒有問卡爾小姐，而是自己去尋找答案。

然而，當我開始四處尋找包裹時，它神秘地消失了，我在任何地方都找不到，這讓我很擔心，因爲我知道太后喜歡命令迅速執行。正在尋找的時候，一個太監進來說太后召見我，我只得去見她，在她開始對我說話之前，我告訴太后，我無法向卡爾小姐詢問包裹的事情，因爲她睡著了，但她會立即起床。太后說：「我不想讓卡爾小姐認爲是我要你去問的，否則她可能會猜想，我是否懷疑她甚麼，所以你必須設法得到消息而不提包裹的事；你夠聰明，你做得到的。」

不久之後，當我和卡爾小姐一起走到太后的宮殿作畫時，我注意到她拿著那個有問題的包裹，我向你保證，這對我來說是一個很大的解脫。一到皇宮，卡爾小姐就對我說：「現在就不麻煩你擺姿勢了，因爲天很黑，我可以畫寶座，如果你願意，你可以翻閱這本雜誌來打發這段時間。」於是我打開了包裹，裡面不過是一本普通的美國月刊。看了一眼書，我找了個藉口趕緊離開，告訴太后，然而，她已經出去進行了她平時的湖邊閒遊，所以我就拿了我的椅子跟上去。當我到達湖邊時，太后已經看到我了，她派了一艘小船來把我接到一艘汽艇上，還沒等我開口說話，太后就笑道：「我都知道，是一本書，卡爾小姐遞給你看了。」我對自己跑這一趟卻一無所獲感到非常失望。我知道太監一有機會就報告太后，沒想到他們已經先我一步。太后這下滿意了，乾脆問卡爾小姐有沒有懷疑她打聽過這件事。

正當我要回卡爾小姐身邊時，太后叫住我說：「我要交代你一件事，那就是每當有外國女士來宮參訪時，一定要靠近皇帝一點兒，這樣她們和他說話時，你就可以翻譯。」我回答說，到目前爲止，只要有外國人在場，我也在場，我不記得有任何人曾經與皇上交談過。她解釋說，她之所以提到這一點，是因爲她希望我對皇帝像對自己一樣恭敬，而且這樣一來，只要有訪客在場，我就可以隨時待命等候指示。我當然很清楚，這根本不是眞正的原因，而是她想採取一切預防措施，排除外國人在改革等問題上影響皇上的可能性。

第十五章 中秋佳節

太后給我的結婚對象

在農曆八月十五日慶祝中秋節。

這個名字來源於中國人認爲月亮不會每次滿月時都是圓的，只有在這一天才是一個完美的正圓。慶祝儀式全部由宮女主持，當月亮出現時就祭拜之，其他方面的慶祝活動則與端午節完全相同，太后與朝廷官員互贈禮物。慶祝活動以一個戲劇表演結束，內容是一個發生在月亮上的故事。相傳月亮裡住著美麗的嫦娥，她唯一的伴侶是一隻叫做玉兔的白色兔子，根據這齣戲，這隻兔子從月亮逃到人間，變成了一個年輕漂亮的女孩，一隻太陽裡的金雞，發現兔子逃到人間，自己也從太陽中逃入凡間，變成了英俊的王子。他們很自然地相遇並立即墜入愛河。現在，人間住著另一隻兔子——紅兔，牠看到這一切，自己也變成王子，向美麗的女孩求愛，目的是取代金雞，然而，玉兔並不喜歡他，因爲他一直紅著臉，無法改變臉色，因此求愛無果，金雞王子仍與女孩相戀。此時，嫦娥發現玉兔不見了，派天兵去奪回，結局是她被帶回了月亮，留下金雞不情願地回到太陽。

戲劇表演時，太監帶了一個小伙子進庭院向太后磕頭，這並不尋常，以至於每個人都注意到了。我看出他是一個外來者，不是宮裡的人，我揣想他會是誰呢。在遊廊的另一端，我看到兩三個宮女笑著竊竊私語，她們最後終於來找我，問我知不知道他是誰，我告訴她們我對他很陌生，她們應該比我更了解，因爲她們在宮裡待的時間更長。無論如何，我覺得這個人滿醜的。當天晚上，太后問我有沒有注意到這個年輕人，並告訴我他是一個滿族高官的兒子，父親過世之後，他繼承了頭銜和一大筆錢。我很驚訝太后花了如此冗長的時間解釋這個年輕人的來歷，但我告訴她，我並不覺得他很好看。太后說話時態度嚴肅，但當時我並沒有想到發生了什麼。幾天之後，當我爲肖像畫擺姿勢時，我聽到太后在房間另一端對我的母親耳語，只見太后手裡拿著一張照片給我母親看，同時問我母親覺得他好不好看，我母親回答「不怎麼樣」。在太后回答說相貌並不是一切的時候，我開始懷疑有什麼與我有關的事情要發生了，我可能要跟這位先生結婚，我開始想各種擺脫的藉口。我知道，如果太后決定要我嫁給他，我甚麼也做不了，但同時，我也下定決心不要嫁給我不喜歡的人，尤其是我從來沒有見過他，眞要這樣的話，我會乾脆離開皇宮。當太后午休時，她說她想見我，繞了一圈後，她問我是想一直陪著她，還是想再到國外去，我立刻回答，只要她願意和我在一起，我就心滿意足了，但是當她厭倦我時，她可以把我送走。太后告訴我，她打算將我嫁給這個年輕人，並徵求我的意見，我說我根本不想結婚，尤其是看到我父親這個時候病了，我若結婚離開這個家，他會心碎，這可能會讓他提早離世，太后說這不是藉口，因爲我不能離開中國，但我可以隨時看到父親和家人。我告訴太后，我寧願和她在一起，也不想嫁給任何人，太后說：「我不聽任何藉口。我已經向你母親說明一切，但出乎我意料之外，她說最好先讓你知道，因爲你成長的環境和其他宮女不一樣，要不是這樣，我早就和你母親安排好所有的事了，你的事情就這麼說定了。」對此我毫無置喙餘地，開始哭了起來，我告訴太后，我不像其他宮女假裝不想結婚，而事實上卻一直期待嫁人，哪怕只是爲了離開單調的宮廷生活，我發誓我會永遠和她在一起，我再也不想離開中國了。我解釋說，如果不是我父親被調到巴黎，我根本不會離開中國，太后說：「哦，好吧，我很高興你確實離開了，因爲對我來說，國外的經歷讓你比一輩子都留在中國更有用。」在討論許久之後，太后說：「好吧，我讓你自己考慮。如果你不喜歡我選擇的那個年輕人，還有很多其他人。」這句話對我沒有多大幫助，我看得出她無論如何都想把我嫁掉，不過，這次我總算擺脫了，並想著如果她再提這件事，我就能處理得很圓滿，但此事再也沒人來跟我談了，直到將近一個月後，我才聽說這位紳士和其中一位親王的女兒已經安排了婚事，所以從我的角度來看，事情的結果令人非常滿意。

八月二十六日有另一場慶祝活動。滿清開國之際，爲奪天下而戰的順治皇帝發現自己在八月二十六日這一天完全斷糧，他和他的軍隊只得以樹葉維生，這是當時唯一可以取得的食物，因此，直到現在，滿人每年總是紀念這一天，他們不吃美食大餐，尤其是在宮廷裡。那天我們沒有吃肉，只吃生菜葉包裹的米飯，筷子也被丟在旁邊不用，食物只靠雙手送到嘴裡，就連太后也不例外。這樣做是爲了提醒後代子孫，建立大清的祖先所遭受的艱難險阻。

八月快要結束時，太后在早春種下的葫蘆已經成熟了，每天她都會帶我們去看看進展，她會挑選那些她認爲長得最漂亮的，也就是腰最細的，用絲帶繫好，這樣就能認出它們了。有一天，她指著其中一株對我說：「這讓我想起了穿著洋裝的你。當然，你現在穿的衣服讓你感覺更舒服。」當這些葫蘆熟了的時候就會被切下來，太后用竹刀刮去外皮，再用濕布擦拭果實，把它們晾乾，幾天後它們會呈現褐色，可以懸掛在頤和園中作爲裝飾品，僅在一個房間裡，就有上萬個形狀各異的葫蘆。宮女們有責任定期用布擦拭這些葫蘆，使它們看起來有光澤，並且把新拔下的葫蘆削皮備用。除了太后，我們誰都不把這項工作放在心上。有一天，在擦拭這些葫蘆時，我碰巧敲掉了其中一個老葫蘆的頂部，這個是太后特別喜歡的，我不敢去告訴太后發生了什麼事，其中一位宮女建議把這東西整個扔掉，什麼也不說，因爲有這麼多葫蘆，太后不大可能發現，不過，我最終還是決定去告訴太后，如果有需要，我會接受懲罰，奇怪的是，太后並沒有太在意。她說：「嗯，不管怎樣，它已經很老了，頂部隨時可能掉下來，碰巧你是那個擦它的人，當然它會掉下來了，沒辦法。」我告訴太后，我爲自己如此粗心而感到非常慚愧，尤其我知道這是她最愛的其中一個葫蘆，事情就這樣結束了。其餘的宮女都在值班房裡，急切地想知道我如何解決這個問題，當我告訴她們時，她們說如果是她們其中一個人，必遭來一頓責罵。她們笑了，說受寵一定是一件很棒的事，這讓我感到很不舒服。我把事情的經過告訴皇后，她說我把實情告訴太后是對的，並要我小心，因爲她們非常嫉妒我。

農曆九月初，菊花開始萌芽，宮女們的職責是每天去修剪菊花，除了每個莖上留一個芽外，所有的花蕾都被剪掉，這種修剪使花開得更大更好。即使是太后也會幫忙完成這項工作，她對這些植物很細心，如果我們的手心不是很涼，她不會讓我們任何人亂動它們，因爲用熱的手心觸摸它們會導致葉子枯萎。這些花通常在九月末或十月初盛開，太后有一種奇妙的天賦，即使在花苞冒出之前，她都能分辨出哪一株會開出怎麼樣的花，她說：「這會開成一朵紅色的花。」我們就在花盆裡放一根竹片，在上面寫上名字，然後太后會宣布另一盆是白色的，於是我們就在花盆裡放一根類似的竹片，寫上關於這盆花的描述等等。太后說：「這是你在宮中的第一年，對剛剛所見所聞，你一定很吃驚，但我從來沒有犯過錯，當花開的時候你就知道了。」事實證明，一切都如她所料，我們誰也不知道她是如何區分的，但她總是對的，我曾經請她解釋她是如何判別的，但她回說這是秘密。

一直以來，這幅肖像畫都進展得很慢，有一天，太后問我，我覺得這幅畫需要多長時間才能完成，以及歐洲對這樣一幅肖像畫的報酬一般都是怎麼給的，我回答說，按照慣例會支付非常豐厚的費用，但她聽不進去，她說在中國沒有這個習慣，爲這樣的服務支付金錢會視爲一種侮辱，她建議頒授獎章給卡爾小姐作爲獎勵，她認爲這比贈與金錢更有價值。我此時沒辦法說甚麼，但我決定在有利的時機出現時再提這件事。

俄羅斯馬戲團

九月期間，一個俄羅斯馬戲團造訪北京，這當然成爲宮中的熱門話題，太后聽了這麼多關於馬戲團的事之後，她問那是甚麼，我們跟她解釋一番，她就很感興趣，說她也想看看。我母親覺得把馬戲團帶到頤和園去演出是個好主意，問太后這件事能不能行，太后聽了這個想法很高興，所以就安排他們演出。當事情正在協調之際，馬戲團的人和動物都住在我們家附近，我們只得自費餵養牠們，但因爲我們想向太后展示甚麼是馬戲團，所以花多少錢並不重要。他們花了兩天時間搭建帳篷並做好所有必需的準備工作，這段期間，我們則向太后報告已完成進度與正在進行的事項。

演出前一天，太后朝會結束之後走過來，我們注意到她看起來很生氣，我們詢問是怎麼回事，她告訴我母親和我，一些御史反對在皇宮舉行馬戲團表演，因爲從無前例，他們懇求太后放棄這個想法，太后非常生氣地說：「你看我在這裡有多大的權力，但只有在沒人反對的情況下我才能看馬戲表演。我想我們還是付點錢讓他們走吧。」當然，只要她覺得怎麼做最好，我們都同意。但是太后想了一想，就跳起來說：「帳篷已經搭好了，不管有沒有馬戲表演，他們都會說話，不論如何就表演吧。」於是演出如期舉行，太后和所有的宮眷都很高興。一個項目是一個年輕女孩在一個大球上行走和跳舞，太后看了非常開心，她堅持這個表演要重複數次。另一個有趣的項目是空中飛人表演，在場的除了母親、妹妹和我之外，沒有人見過馬戲表演，太后很怕那個人從吊繩上掉下來摔死。另一個讓太后感興趣的項目是騎乘無鞍之馬，她認爲這實在太棒了。整場演出她唯一反對的是帶獅子和老虎等進來，她說帶野獸進宮不安全，她寧願不看這部分表演，然而，馬戲團的老闆帶來了一隻小象，它會表演一些巧妙的把戲，這比任何一部分表演都讓太后開心。老闆看到她如此高興，就將小象作爲禮物送給她，她收下來了，然而，表演結束後，我們試圖讓牠再玩一遍把戲，但牠寸步不讓，我們只好放棄，把牠送走，與屬於宮裡的其他大象安置在一起。

馬戲團一共演出了三場，最後一場演出前，馬戲團的經理告訴我，他很想表演獅子和老虎，他說絕對不會發生任何意外，眞的很值得一看。經過多次討論後，太后終於同意，在明白不能把牠們放出籠子的情況下，可以把牠們帶進來。

當牠們被帶入馬戲場後，太監都圍在太后身邊，牠們在馬戲場上待了幾分鐘後，太后又下令將牠們帶走。她說：「我不擔心我自己，但牠們可能會鬆開韁繩並傷害一些人。」這是整個表演的最後一個項目，馬戲團離開時，太后下令給他們一萬兩。

在接下來的幾天裡，我們談論馬戲團的優點，但後來，太后在說到這個問題時，卻對整件事表示非常失望，她說她原本期待一些完全不同、並且更棒的東西。這是太后的另一個特點，沒有什麼能讓她高興超過五分鐘。她對我說：「我看不出外國的成就有什麼了不起，比如這位女士正在畫的這幅肖像，我認爲這根本不是一張好畫，看起來很粗糙（太后不懂油畫），而且我還要再提一次，她爲何在畫的時候總想看到眼前的東西呢，一個普通的中國畫家，看一次我的衣服鞋子之類的東西就可以畫了。在我看來，她不是一個很好的畫家，不過你不要告訴她我這麼說。」太后繼續說道：「對了，你在爲我這幅畫像擺姿勢的時候都聊些什麼，雖然我不明白她講的話，但我仍然可以看出她有很多話要說。一定不能透露任何與宮廷生活有關的事情，也不要教她中國話。我聽說她經常問不同的東西用中國話怎麼說，但不要告訴她，她知道的越少對我們越好。我可以看出她對宮廷的日常生活還一無所知，我不知道如果她看到其中一個太監受到懲罰，或者類似的事情，她會說什麼，我猜她會認爲我們是野蠻人。前幾天我生氣的時候注意到你把這位女畫家帶走了，你眞是太聰明了，最好不要讓她看到我發脾氣，她以後可能會說出去的。我希望這幅肖像盡快畫完。天氣正在轉涼，我們必須打開箱子準備冬裝，我知道你們女孩需要冬天的衣服，因爲你們除了洋裝什麼都沒有。還有，下個月是我的生日，通常都有慶祝活動，之後我們會回到三海，到時候這位畫家該怎麼辦？估計她得回去美國公使館待著，每天都來三海，直到工作完成。這會很麻煩，因爲它不像現在只有十分鐘路程，而是接近一個小時的路程。而且就算這能安排妥當，那冬天遷到紫禁城的北海時又該怎麼辦？你去試著了解她預計需要多長時間完成。」這給了我一個機會告訴太后，卡爾小姐和她一樣急於完成工作，但我解釋說卡爾小姐幾乎沒有時間畫畫，因爲太后很少有時間親自坐下，況且，每天太后午休時，卡爾小姐就必須停止繪畫，因爲她的畫室就在太后寢室隔壁。太后答道：「嗯，要是她指望我成天爲她坐著，我會立刻放棄整個事情」，然後又補充道：「我看你自己也坐累了，希望我自己再回去坐著，但我已經受夠了。」我當然說我並沒有厭倦，我喜歡坐在她的寶座上，我認爲這是一種莫大的榮幸，我向太后解釋說，卡爾小姐不喜歡我代替她擺姿勢，因爲不能像她自己坐著一樣迅速進入狀況，但她只說我是在她的指揮下行動，這對我來說應該足夠了。

在接下來的十天裡，我們一直在忙著挑選冬裝的材料，還有妹妹和我在即將到來的生日慶典中穿的禮服，這些禮服是正式的冬季宮廷禮服，紅色緞子上繡著金龍和藍雲，鑲著金色穗子，襯裡是灰松鼠皮，往外捲起的袖子和領口是紫貂裘製的。就在太后吩咐其中一位太監製作這些東西的時候，皇后向我招了招手，我出去之後，她說：「你去給太后磕頭，因爲她送你一件紫貂裘滾邊的禮服，這對她來說是極大的恩惠，這通常只有郡主才能穿。」於是我回到房間，趁機磕頭，感謝太后隆恩，她回答說：「這是你應得的，我看不出你有什麼理由不應該被當作郡主對待，很多郡主都不是皇室成員，任何頭銜都可以授予爲國家有特殊貢獻的人，你對我的幫助比任何其他宮女都多，而且我可以看出你在履行職務時是忠心耿耿的，你可能認爲我沒有注意到這些事情，但我都注意到了，你當然能賦予郡主頭銜，其實我對你從來沒有和郡主不同，甚至在很多方面都更好。」她轉向太監說：「把我的皮帽拿來。」這頂帽子是貂皮做的，邊上鑲有珍珠和翠玉，太后解釋說，我們的帽子會採用相同的款式，只是冠冕不是像太后的帽子那樣是黃色的，而是紅色的，我自然很高興。除了帽子和全套宮廷禮服，太后還做了兩件日常穿著的普通袍子，一件襯裡是羊皮做的，另一件襯裡是灰松鼠做的。接著她又給了我們另外四件質地更好的禮服，內襯黑白狐裘，都飾有金色穗邊和繡花絲帶，此外還有兩件禮服，一件是淡粉色的，繡著一百隻蝴蝶，另一件是紅色的，繡著綠色的竹葉，幾件同樣內襯有毛皮的短褂也包含在太后的禮物中，加上幾件坎肩就全部到齊了。

從房間裡出來時，一位宮女說我很幸運，能從太后那裡收到這麼多衣服，並說她從來沒有收到過這麼多衣服，而她在宮裡已經將近十年了，我看得出她在吃醋，皇后無意中聽到我們的談話，加入我們並告訴她，我剛到宮裡的時候，除了洋裝以外什麼都沒有，如果太后不給我合適的衣服，我該怎麼辦。因爲這件事，我與宮女們有好一陣子處得很不好，起初我並不在意，直到有一天，一個宮女很不客氣地說，在我到來之前，她一直是最受寵的，但我讓她明白，她無權以任何方式評論我，皇后當時在場，訓斥了她們對我的態度，並說總有一天我會稟報太后這件事。這似乎起到了很好的效果，因爲她們後來就不在言語上找我麻煩了。

第十六章　頤和園

光緒皇帝的問題

農曆九月快要結束了，太后開始厭倦日復一日的無所事事，她說：「等到正月初一上戲有什麼用？我們明天演戲吧。」於是她吩咐太監們準備好，這齣戲會在沒有任何外來演員協助的情況下上演。在此我想提一下，有些太監受過專門的演員訓練，每天都在研究他們的角色，他們確實比外面的專業人士靈巧得多。

太后把她想演的劇目給了總管太監，大部分都是神話故事的戲劇改編，第二天我們就演出了。

下午太后午休完後，在戲劇表演時，我遇見了回宮的皇上，看到只有一個太監在場，我大吃一驚，這是皇上的貼身太監，皇上私底下很信任他。皇上問我要去哪裡，我說我要去房間休息一會兒，他說他已經很長時間沒有見到我了，我笑了出來，因爲每天早上朝會時我都會看到他，他說：「自從畫這幅肖像開始，我和你聊天的機會就不像以前那麼多了，我怕我的英語沒法進步，因爲現在你的時間都被佔用了，沒有別人可以幫我。看來你很喜歡這位女畫家的陪伴，不過我覺得應該還是挺單調無聊的。她有沒有發現你來這裡只是爲了監視她？」我告訴他，我非常小心，不會以任何方式出賣自己，而且我不認爲她懷疑自己被監視了。

皇上說：「我知道有傳言說，這位女士完成了太后的肖像後，她會畫我的，我很想知道是誰這麼說的。」我告訴他這是我第一次聽說，所以我不知道是誰說的。我問他是否願意畫他的肖像，他只回答：「這對我來說是一個很難回答的問題。你最清楚是否應該畫這幅肖像。

「我看太后拍了這麼多照片，連太監都在照片裡。」我立刻明白了他的意思，所以我問他是否希望用我的小柯達幫他拍照，他一臉驚訝，問道：「你也會拍照嗎？如果對我們來說風險不大，哪天有機會我們也可以試試。別忘了這件事，不過我們一定要非常小心。」

接著他改變話題：「好吧，現在我們有時間聊聊，我想問你一個問題，希望你能如實回答我。外國人對我的普遍看法是什麼？他們認爲我是一個慷慨善良的人嗎？他們認爲我聰明嗎？我很想知道。」我還沒來得及回答這個問題，他就繼續說：「我很清楚，他們只把我當作一個孩子，根本沒有任何重要性。告訴我，是不是這樣？」我回答說，很多外國人問過我他是個什麼樣的人，但他們從來沒有表達過自己對他的看法，只知道他很健壯。「如果外界對我和我在朝廷中的地位眞的存在任何錯誤的印象，」皇上繼續說道，「這是因爲中國宮廷墨守成規。我不指望能主動說或做任何事情，因此外人很少聽到我的消息，我被看成不過是一個傀儡，我知道是這樣。以後每當他們問你關於我的事情時，就向他們實在地說明我在這裡的地位。我對這個國家的發展有很多想法，但你知道我無法實現，因爲我不是我自己的主人。我不認爲太后自己有足夠的力量來改變中國目前的現狀，即使有，她也不願意，要想改革，恐怕還需要很長一段時間。」

皇上接著說，如果讓他像歐洲君主一樣四處遊歷該有多好，不過這種事當然不可能發生在他身上。我告訴他，有幾位郡主與格格表達了參觀聖路易世界博覽會的意願，並說我覺得如果能安排一下就好了，因爲她們會親眼看到自己的國家和習俗與外國多麼不同。皇上對於能否獲得批准表示懷疑，因爲這種事過去聞所未聞。

我們聊了半天，主要是談西洋風土人情，皇上說他很想去歐洲，親眼看看那裡的情況如何。

就在這時，我的一個太監來了，說太后醒了，我只得趕緊去她的房間。

時間來到農曆十月。

初一下雪，總管太監問太后，是不是打算照常去頤和園過生日。如前所述，頤和園是太后最喜歡的居所，所以她給予了肯定的答覆，並如過去一般，安排慶祝活動在那裡舉行。太監隨後給太后帶來一份名單，上面列出所有郡主、格格的名字和等級，以及滿族官員的妻子和女兒的名字，她選擇了希望出席慶祝活動的人，這一次，她挑選了四十五位女士給予正式邀請函。我一直站在太后的椅子後面，她轉過身來說：「我的生日宴通常不會邀請很多人，但這次我破例了，因爲我想讓你看看她們的穿著和打扮，還有她們對宮廷禮儀是多麼的無知。」

太后慶生

慶祝活動從十月初六開始，卡爾小姐暫時回到北京的美國公使館，我的母親、妹妹和我又返回宮裡。初六一早，太監們用各色綢緞裝飾遊廊，在所有地方還有樹上掛上燈籠。早上七點左右，來訪的人開始到達，我非常同意太后對她們的評價。太監把她們介紹給所有的宮女認識，但她們似乎沒什麼話說，顯得很害羞。接著他們被帶到值班房，但是因爲人太多，我們宮女只得站在外面的遊廊上。他們其中一些人穿著非常昂貴，但顏色大多極爲老氣，舉止十分彆扭，我們端詳她們半天，就去向太后稟報了。

在這類場合，太后的精神一般都很好，她開始問我們很多問題，她問我們是否注意到訪客中有一位老太太，打扮得像新娘一樣，她解釋說，這位女士是在場唯一一位嫁給漢人官員的滿族女性，因爲過去和宮裡有關係而被邀請。太后說她從未見過她本人，但知道她是一個非常聰明的女人。我們沒有注意到有這樣一個人，並認爲她可能還沒到場。

太后著裝迅速，她一準備好就進到大廳，總管太監帶著客人來到太后面前，我們宮女都在寶座後面站成一排，當她們進來時，有人磕頭，有的敬禮，有的人甚麼都不做，實際上似乎沒有人知道自己到底該做些甚麼。太后說了幾句歡迎詞，感謝她們並送給她們禮物。

我想在這裡說的是，與現在普遍的看法相反，太后總是對任何禮物或服務都表示感謝，無論多麼微不足道。

太后看得出來大家都感到尷尬了，吩咐太監帶她們去各自的房間，告訴她們別拘束，進房去休息。她們猶豫了片刻，不知道該不該去，直到太后對我們說道：「帶她們去見皇后。」

當到達皇后宮殿時，我們正式地介紹了她們，她們也不像之前那麼害羞。皇后告訴她們，如果她們想知道任何事情或了解任何宮廷禮儀，宮女們會很樂意爲她們提供所有必要的訊息。她決定最好的方法是每個宮女都負責一些訪客，因爲在初十那天的儀式發生任何錯誤都不好，所以我們每個人都分配到一些客人，我們必須照顧她們，並指導她們在不同的場合應該怎麼做。

太后下午休息的時候，我去看了我要負責的客人，其中就有太后提到的那位新娘，所以我走向她，和顏悅色地與她聊天。我發現她很有趣，與大多數滿族女性不同，她顯然受過良好的教育，因爲我發現她能流利地讀寫漢語。然後我向她們所有人解釋她們必須做什麼，需要的時候，怎麼跟太后講話。我不知道我之前是否提到過，但是每當有人對太后說話時，他們都要稱她爲「老祖宗」，而當提到自己時，他們會說「奴才」而不是「我」這個代名詞。在所有滿人家庭中，都遵守類似的規則，代名詞「你」和「我」則以「母親」和「父親」的稱呼和兒子或女兒的名字替換。

太后特別注意嚴格遵守這條規則。

在接下來的四天裡，直到大典當日，這些訪客都在學習宮廷禮儀和去戲樓看戲中度過。

每天早上，像往常一樣，我們服侍太后，並報告前一天發生的有趣事情。接著我們都先於太后來到戲樓，站在庭院裡等待她的到來。太后一出現，我們都跪下，直到她走進舞台對面的建築。我們一排一排地跪著——先是皇上，在他身後的是皇后，其次是瑾妃，然後是公主和宮女，最後是所有的訪客。前兩天一切都還好，但到了第三天早上，皇上突然轉身說：「太后來了。」聽到他這麼說，我們都跪了下來，只有皇上一個人站著嘲笑我們。當然，沒有太后的身影，所有人都跟著笑了起來。他從來沒有像開這個玩笑時一樣開心。

初九晚上，宮女沒有一個上床睡覺，因爲初十早上我們都得準時起床，訪客被告知要乘轎前往太后位於山頂上特別設置的宴客大廳，她們要在那裡等待太后的到來。他們在凌晨三點鐘抵達大廳，我們也緊跟在後，大約天亮時就到了。不久之後，太后駕到，典禮便開始了。這個典禮與之前描述的皇上萬壽典禮沒有任何區別，所以無需贅述，除了一件事以外。初十大清早，我們每個人都必須帶一份禮物給她，並帶一百隻不同的鳥上山。每年在太后生日的時候，她都會做一件非常特別的事情，她會自掏腰包買一萬隻鳥，放牠們自由。看到那些懸在大廳院子裡的巨大鳥籠，實在是太美了。太后選定下午四點爲吉時，吩咐太監帶著籠子跟在她身後，時間一到，太后就帶著所有的宮眷來到山頂，那裡有一座廟宇，她先在那兒燒檀香祭拜天地，然後太監各拿著一隻鳥籠，跪在太后面前，她再一個個打開籠子，看著鳥兒飛走，並祈求這些鳥不再被抓住。太后非常認眞地做這件事的時候，我們低聲互相問對方認爲哪隻鳥最漂亮，想留下來自己養。在這一大群鳥當中有幾隻鸚鵡，有些是粉紅色的，其他是紅色和綠色的，牠們都被鎖在架子上，當太監打開鎖鏈時，鸚鵡卻一動也不動，太后說：「眞有趣，每年都有幾隻鸚鵡不離開，我就一直養著牠們直到牠們老死。看看牠們，牠們不會走的。」這時候，總管太監來了，太后告訴他剛剛發生甚麼事，他立即跪下道：「太后大吉，這些鸚鵡明白太后的恩情，寧可留在這裡侍奉太后。」這個儀式叫做「放生」，這被認爲是一個極大的功德，可以累積福報。

一位宮女問我對不會飛走的鸚鵡有什麼看法，我告訴她這眞的很奇怪，她說：「很簡單，一點也不奇怪，這些太監受到總管太監的吩咐，早就買了這些鸚鵡訓練牠們。在太后午休的時候，這些鸚鵡被帶到這座山頂，讓牠們習慣這個地方，這樣做的目的只是爲了取悅也可以說是愚弄太后，讓她感到高興，並相信她是如此仁慈，即使是這種愚蠢的東西也寧願留在她身邊。」她繼續說：「最大的笑話是這個：當太后把鳥放飛的時候，山後就有幾個太監等著抓來賣掉它們，所以，不管太后如何爲牠們祈求自由，牠們都會立刻被抓住。」

慶祝活動一直持續到十三日，沒有人做任何工作，只有歡樂和享受，戲樓每天都開放。到了十三日快結束的時候，我們告知訪客慶祝活動已經結束，安排他們第二天一早離開。那天晚上，他們都向太后告別，並在第二天早早地離開了。

接下來的幾天，大家都在忙著準備搬去三海，太后查閱了她的曆書，最終選擇了二十二日作爲這次搬遷的吉日，於是二十二日早上六點，所有宮眷都離開頤和園。雪下得很大，行路非常艱難，當然，我們和往常一樣都坐在轎子上，那些沒有當轎夫的太監則騎馬，許多馬匹摔倒在滑溜的石頭上，一位太后的轎夫也滑倒了，把太后摔到地上。我忽然覺得有什麼可怕的事情發生了，馬匹亂竄，太監嚎叫：「停下來！停下來！」我聽到有人說：「看看她是否還活著。」整個隊伍停了下來，擋住去路，這發生在剛剛進入西門的石路上。終於我們看到太后的鑾輿被擱在地上，大家都下轎，上前看看發生了什麼事，很多人議論紛紛，一時間我有些害怕（那段期間，有謠言說一些革命者要殺死所有宮裡的人，雖然我們聽說了，卻不敢告訴太后），所以我立即走到她的鑾轎邊，發現她坐在那裡鎮定地命令總管太監不要懲罰這個轎夫，因為石頭又濕又滑，他不該被責罰。李蓮英說絕對不行，這個轎夫肯定是漫不經心，他怎麼敢這樣粗心地扛著老佛爺。說完，他轉頭看掌刑之人（這些掌刑的人，拿著竹棒，在這類場合，都會跟著宮眷）說：「打他的背八十下。」這個跪在泥地上的可憐轎夫聽到命令之後，掌刑者就把他拉到離我們大約一百碼遠的地方，將之推倒，開始履行職責，沒過多久就打了八十下，出乎我意料的是，這個人在受到懲罰後站了起來，好像什麼都沒發生過一樣，他盡可能使自己看起來平靜。在等待的時候，太監交給我一杯茶，我遞給太后，問她有沒有受傷，她笑著說沒什麼，命令我們繼續前進。我必須解釋一下，太監時刻備著茶，他們總是帶著一個小爐子和熱水，雖然每次整個宮廷搬家時都會準備，但很少用到。

生病了

像往常一樣，所有的宮女都走捷徑到宮裡，準備迎接太后的到來，在庭院裡等了半天，我們都快凍僵了，就在這個時候，太后來了，我們都跪下等她過去，然後跟著她進宮，太后也抱怨天氣很冷，下令生火帶入殿內。火是在內層爲粘土的黃銅製攜帶式爐子中生起來的，在屋外點燃，煙霧稍微消散後再帶入大廳。帶進來的爐子高達四個，但所有的門窗卻都關著，沒有任何通風設備，很快我就開始感到噁心，然而，我繼續工作，整理太后的東西，直到我失去意識。我一定是暈倒了，因爲我記得的下一件事是在一張陌生的床上醒來並詢問我在哪裡，但聽到太后在隔壁房間發號施令，我就知道沒事了。一位宮女給我端來一杯蕪菁汁，是太后要讓我喝的，我喝了之後，感覺好多了，有人告訴我太后已經休息了，所以我自己又去睡覺了。當我再度醒來時，太后正站在我的床邊，我想爬起來，卻發現自己沒有力氣，太后叫我躺著別動，靜養一下，很快就好了。她說我最好搬到她寢室附近的房間，並吩咐太監一準備好就讓我搬去那裡，每隔幾分鐘，太后就會派人來詢問我的狀況，以及我是否想吃點東西。每次接到太后的訊息時，我都習慣性地站起來，但我根本做不到，儘管我嘗試過，結果都讓自己變得比之前更糟。

傍晚時分，總管太監端著幾盤甜食來看我，他很親切，並說我很幸運，因爲太后很少爲任何宮女煩惱，顯然她很喜歡我。他坐了一會兒，要我吃一些甜食，當然，我什麼都吃不下，更別說甜食了，所以我請他拿走，以後再吃，臨走前他說，如果我有什麼需要就讓他知道。他這次來訪對我來說是一個很大的驚喜，因爲他通常很少注意到我們當中的任何一個人，但後來我被告知，他對我如此友善的原因，是因爲太后對我很在意。

第二天早上，我就能夠起床並回到工作崗位了。我去見了太后，向她磕頭，感謝她在我生病時對我的恩典，太后說，前一天晚上總管太監告訴她我好多了，她很高興我又能起床走動了，她說這沒什麼大不了的，我只是不習慣這些衝到頭上的煙霧。

雪已經停了，太后決定第二天去選一個地方讓卡爾小姐繼續作畫，我建議，或許等卡爾小姐自己來了會好些，這樣她就可以選擇合適的地方工作了，但太后說絕對不行，因爲如果交給卡爾小姐的話，毫無疑問她會選擇一些不適合的地方。當然，宮殿裡有很多地方是非常私密的，是不允許卡爾小姐進去的，於是第二天太后和我就開始尋找地方，我們看了許多不同的房間，但都太暗了，終於我們在皇宮的湖邊找到了一間房，太后說：「這裡很方便，坐轎子或坐船來回都可以。」我發現乘轎到宮門大約需要三刻，比坐船快。我本來想和太后一起回宮的，但最後決定不這麼做，因爲規定是不許讓住在美國公使館的卡爾小姐一個人進出宮門，所以太后說我最好住在我父親在城裡的居所，每天早上帶著卡爾小姐去宮裡，晚上和她一起回去。我一點兒都不喜歡這樣，但我別無選擇，只能聽從太后的指示。

第二天，當卡爾小姐來到皇宮，看到爲她挑選的畫室時，她一點兒也不高興。一開始她說天太黑了，所以太后下令把紙窗換成玻璃窗，但這又使房間太亮，所以卡爾小姐要了窗簾，以便讓光線聚集在畫像上。當我把這個要求告訴太后時，她說：「嗯，過去改裝都是爲了讓房子適合我居住，除此之外，這是我第一次改裝宮裡。首先我改了窗戶，她不滿意，還說必須有窗簾。我想我們最好把屋頂拆掉，這樣也許才會適合她。」然而，我們還是把窗簾裝上，讓卡爾小姐滿意。

當太后檢查這幅肖像畫以確認進展時，她對我說：「出了這麼多麻煩以後，我們這張肖像畫恐怕不怎麼樣。我注意到我披肩上的珍珠被塗成不同的顏色，有些看起來是白色的，有些是粉紅色的，有些是綠色的。你去告訴她這件事。」我試圖向太后解釋，珍珠在不同光影下的色澤各異，卡爾小姐只是根據她所看到的樣子上色，但太后根本不明白，並問我是否能看到它們有任何一點綠色或粉紅色，我再次解釋說，這只是光線落在珍珠上造成的色彩，但她回答，除了白色，她看不到任何色彩。但過了一會兒，她似乎沒有再爲這件事煩惱了。

太后的迷信

三海中，靠近太后寢室的房間裡有一座佛塔，高約十英呎，是用檀香木雕成的，裡面放著各式各樣的佛像，太后每天早上都會祭拜這些佛像，祭拜儀式包括太后在佛塔前燒香，而一位宮女則被告知每天要在佛像前磕頭。太后告訴我，這座塔在宮中已經有一百多年了。在不同的佛像中，有一尊代表觀音菩薩，這座佛像只有約五英寸高，由純金製成，內部是空心的，放進人體結構上所有主要部位，由翠玉和珍珠製成。觀音菩薩被認爲擁有奇妙的力量，太后在遇到困難時經常參拜祂，並堅稱她的祈求已多次得到回應。她說：「當我向佛像祈禱時，我是非常認眞的，不像你們這些女孩那樣，你們叩頭只因爲這是你們的職責，然後就匆匆離去。」太后接著說，她很清楚中國很多人正在拋棄祖先傳下來的宗教，轉而信奉基督教，對此她感到非常悲痛。

太后堅信與三海有關的中國古老迷信，在我們的一次談話中，她告訴我，看到甚麼事都不必驚訝，她說，走在你身邊的人突然消失是很常見的事情，並解釋說他們只是爲了達成目的而變成人形的狐狸，他們大概已經在三海生活了數千年，擁有這種隨意變身的力量。她說太監肯定會告訴我他們是鬼魂，但事實並非如此：他們是神聖的狐狸，不會傷害任何人。好像是爲了證實這個迷信，幾天後的一個晚上，我的燈火已經熄滅，我派太監去看看其他宮女是否醒著，如果是，試著給我弄些熱水。他帶著燈籠出去，但他幾乎立刻就回來了，臉色白得像粉筆，我詢問他是怎麼回事，他回答說：「我見鬼了：一個女人，向我走來，吹滅了燈，消失了。」我告訴他，也許是其中一名婢女，但他說「不是」，他認識宮中所有的女人，而他以前從未見過這個。他堅稱這是一個鬼魂，我告訴他，太后說過沒有鬼，但可能是狐狸幻化成的人形，他回答說：「不是狐狸。太后稱祂們爲狐狸，因爲她不敢說祂們是鬼。」他接著告訴我，多年前，總管太監李連英在太后宮殿後面的院子裡散步時，看到一個年輕的婢女坐在井邊，他走過去問她在那裡做什麼，但走近一看，發現那裡還有其他幾個女孩，見他走近，她們都故意跳下井去。他立即拉響警報，對著提著燈籠走來的一名侍者，說明了事情的經過，侍者指給他看，井裡蓋著一塊大石頭，任何人都不可能跳進井裡。我的太監說，很久以前，還眞有幾個姑娘跳下這口井自殺，而李連英看到的，就是這些姑娘的鬼魂，僅此而已。中國人相信，當一個人自殺時，他們的靈魂會在附近徘徊，直到他們可以誘使其他人自殺，這樣他們才能投胎轉世。我告訴他我不相信這種事，我很想親眼看看。他回答說：「你只要看了一次就不會再想了，因爲那就夠你受的了。」

事情每天都如常進行，直到農曆十一月初一，太后下令，因爲十一月有許多先帝的忌辰，經常的戲劇表演將會取消，宮廷裝束還會根據場合進行修改。初九，皇上去天壇祭祀，因此，按照所有這些典禮的慣例，在初九之前的三天，他會將自己關在自己的宮殿裡，在這段期間，除了他的貼身太監之外，任何人都不能與他聯繫，這三天當中，連皇后，也就是他的夫人，都不許見他。

這個儀式與其他祭祀典禮沒有太大區別，除了會把豬宰殺之後，放置在天壇的眾多祭壇上一段時間，然後分配給不同的官員。吃這些被上天賜福的豬肉，據說可以帶來榮華富貴，一起出現於祭典的官員也會認爲自己受到了太后恩寵。另一個不同是，皇上不能找人替他主持這項公務，在任何情況下，他都必須親自出席。其原因是，根據古代法律，皇帝對每一個判處死刑的人都簽署了死刑令，紀錄保存在刑部，年底，每一個被處決的人的名字都會寫在一張黃紙上，送到皇帝手裡，到了祭天的時間，他就焚燒這張黃紙，讓灰燼上達天聽，讓列祖列宗知道他忠心耿耿，問心無愧，依法辦事。

由於天壇的祭祀儀式要在紫禁城舉行，雖然太后不喜歡這個地方，她還是下令將所有宮廷人員都調到了那裡，理由是她連一個小時都不想離開皇帝，於是我們都搬進了紫禁城裡的宮殿。祭天儀式結束後應該要回三海，但十三日是康熙皇帝的忌辰，所以還是決定留在紫禁城，在那裡舉行祭典。康熙皇帝統治中國六十一年，是中國迄今爲止在位時間最長的皇帝，太后告訴我們，他是中國有史以來最偉大的皇帝，因此我們都必須虔誠祭拜他在天之靈。

第十七章 朝堂

太監的失蹤

農曆十一月十四日上午，朝會結束後，太后告訴我們，俄國與日本之間可能會爆發戰爭，她很煩惱，雖然實際上與中國無關，她卻害怕他們會在中國領土上打起來，致使中國最終遭受池魚之殃。我們當時並沒有太在意，但第二天早上，總管太監向太后報告說，有五十個太監失蹤了，由於他們的失蹤原因不明，每個人都非常躁動。過去太監在宮門關閉前都會返回，因此太監結束工作後，並未規定他們不能進城，但第二天上午據報又有一百名太監失蹤，這個時候，太后立刻說：「我現在知道問題出在哪兒了；當我說到這場戰爭可能會打起來的時候，他們一定聽到了，並且擔心義和拳之亂可能會重演，所以他們就離開了。」按照慣例，太監失蹤的時候，宮裡會派人去搜查，並把他們帶回來嚴懲，但這一次，太后吩咐，不要再把他們抓回來了。然而，某一天早上，一位專門服侍太后的太監失蹤了，這讓她大發雷霆，她說自己從不虧待這個太監，但這就是她所得到的回報，他眼看苗頭不對就逃跑了。我自己也注意到她對這個太監眞的很好，但我對他的離開並不感到可惜，因爲他過去常常利用各種機會給一些宮女找麻煩。

每天都有太監失蹤，直到太后決定，無論如何，我們還是留在紫禁城直到第二年春天，這樣會更安全。

我向我的太監詢問這些人失蹤的原因，他說正如太后所懷疑的那樣，他們害怕被捲入另一場拳亂一類的事情，又補充道，太后最喜歡的太監和其他人一起走，他一點也不意外。他還告訴我，連李連英也不是絕對靠得住的，因爲在義和團運動當下，太后離開北京前往西安的時候，他先裝病，後來才跟上去，如此一來，要是發生任何事情，他都能折返逃走。談起李連英，我的太監私下告訴我，他要爲許多無辜的人的死負責，這些人絕大多數都是太監，他在宮廷裡擁有無上權力，對他來說，關押任何冒犯他的人，或者因爲這樣那樣原因而惹他討厭的人，都是非常容易的。此外，太監還說，雖然大家都不知道，但李連英吸鴉片成癮，肆無忌憚，因爲宮內嚴禁吸食鴉片，所以連太后都完全被蒙在鼓裡。

每天早上都有關於俄羅斯和日本之間紛爭的新消息，宮裡每個人都愈發躁動不安。有一天，太后召集了宮裡全部的人，在這次特別召見當中，她告訴我們根本不需要緊張，萬一出了甚麼事，與我們無關，我們也不應該插手，因爲祖先在天上在守護著我們，她不想再聽到任何相關的議論和流言蜚語。然而，她卻傳喚所有的宮女聚集到她的宮殿裡，命令我們向祖靈祈禱，求祖靈保護我們，這清楚表明她和我們一樣擔心。儘管太后說過不要八卦這件事，但她自己卻經常提起。在我們的一次談話中，她說她希望每天都能知道外界正在發生的事情，所以我建議她，只要有外國報紙和路透社的特約電報，很容易獲得所有最新消息。太后聽了，大為雀躍，要我每天都以我父親的名義將這些報紙送到他的住所，再帶往皇宮，由我為她翻譯。我告訴她，這些報紙一印出來，我父親就收到了，所以我安排讓這些報紙按照太后的指示帶進宮裡。每天早上朝會的時候，我就把所有的戰爭新聞都翻譯成中文，但是外電消息來得太快，很快地我就幾乎不可能當場用中文把它們全部寫下來，所以我告訴太后，當電報傳抵時，我就馬上口譯成中文。這個方法要快得多，而且高度引起太后的興趣，她堅持要我不僅翻譯戰爭新聞，還要翻譯報紙上所有有趣的東西。有關歐洲王室的新聞，諸如王室動向等，她都特別感興趣，當她得知歐洲王室的一舉一動都為人所知的時候，她非常驚訝。她說：「不管怎麼說，我們這兒更為清淨不受干擾，因為在皇宮之外沒有人曉得裡面發生了什麼，甚至連我自己的人也不知道。如果外界的人多知道一些，未嘗不是一件好事，也許所有關於宮裡的謠言都會因此而終止。」

我們住在紫禁城這段期間，卡爾小姐每天早上都會進行關於肖像的工作，我們給了她一個看起來很適合她的漂亮房間，太后指示我協助她，盡可能地給她方便，因為她已經厭倦了這件事，希望看到畫盡快完成。太后自己幾乎從不靠近這個地方，但如果她真的去了，她會非常和藹可親，而且真的會讓人以為，去看看這幅畫像是她一生中最大的樂趣。

參觀朝堂

農曆十一月，因宮中作祭，各項工作都無法進行，所以有一天，太后建議由她帶領我們參觀紫禁城。首先我們來到了朝堂，這與頤和園的朝堂有些不同，要進入這裡，必須先爬大約二十多個白色大理石台階，台階兩側的欄杆也由相同的材質構成。台階的頂端是一條寬闊的長廊，環繞著朝堂而建，支撐以眾多巨大的朱紅色廊柱。沿著這個長廊的窗格雕刻精美，設計成不同形狀的「壽」字。接著我們進入大廳，地板鋪著方磚，太后告訴我們，所有這些地磚都是純金打造，已經存在幾個世紀了，它們呈現出一種奇特的黑色，毫無疑問是上過漆的，而且很滑，很難站得穩。這裡的陳設與頤和園以及三海的朝堂相似，只是御座是用紫檀木鑲嵌以不同顏色的玉石打造的。

只有在極少數情況下，如太后的萬壽之日與元旦等等，才會用到朝堂，而且從來沒有外國人進入這棟建築。所有日常的會面都在紫禁城一座較小的宮殿裡舉行。

在朝堂稍作停留後，我們接著參觀了皇帝起居之處，這兒比太后居住的地方要小得多，但佈置得非常精緻，共有三十二間房間，其中許多從未使用過，但都以同樣奢華的風格佈置。這棟建築的後面是皇后的宮殿，更小一些，總共有二十四間房左右，同一棟建築裡還分出了三間房供皇妃使用。皇帝與后妃的宮殿雖然靠得很近，並沒有任何入口相連，兩座建築與太后宮殿相隔頗遠，但周圍都有廊道與之相接。還有其他幾棟建築，用作訪客的等候室。除此之外，有幾座建築物根本沒有使用，這些房子是封死的，似乎沒有人知道它們裡面有什麼，或者它們是否有任何東西在裡面，連太后都說她從來沒有進入過這些地方，因爲它們已經被封閉很多年了，甚至連這些房子的圍牆入口也總是關閉的，我們也只在這一次經過這些地方。它們在外觀上與宮中的其他建築完全不同，非常骯髒，顯然年代久遠，我們被下令絕對不能談論這個地方。

宮女的住處與太后的住處相連，但房間太小了，在裡面幾乎無法轉身，這些房間在冬天也很冷。婢女宿舍在我們住所的盡頭，但沒有入口，只能通過我們的長廊才能到達，而我們進入自己房間的唯一入口則得通過太后的長廊。這是太后自己的主意，爲了讓她可以監視我們所有人，看看我們什麼時候出去，什麼時候進來。

太后現在領我們到了她自己的宮殿，她停頓了一下說：「我現在給你們看一些對你們來說很新鮮的東西。」我們進了一間毗鄰她臥室的房間，兩者由一條大約十五英尺長的狹窄通道相連，兩邊的牆壁都被粉刷和裝飾得非常漂亮。太后對一名太監說話，他就彎下腰，從通道兩端的地面上取下兩個木塞，這些木塞原先是插在地上的洞裡的，然後我才意識到，迄今爲止我所認爲的實心牆實際上都是滑動的木板。這些木板打開時露出了一個小窟，沒有窗戶，但屋頂上有一個天窗。這個房間或小窟的一端有一塊大石頭，上面有一個座位，座位上有一個黃色的墊子，墊子旁邊有一個香爐，一切都顯得非常古老。這個房間裡沒有任何家具，房間的一端通向另一條通道，跟方才提到的通道類似，有滑動木板，通往另一個小窟，依此類推；事實上，整座宮牆都被這些密道貫穿，每條密道都隱藏著一個密室。太后告訴我們，在明代，這些房間曾被用作各種用途，主要是皇帝想獨處時使用。其中一間密室被太后用作藏寶室，存放她的奇珍異寶，拳亂的時候，在逃跑之前，她把所有的貴重物品都藏在這裡，當她回來打開這間密室的時候，發現一切都完好無損，沒有一個破壞洗劫皇宮的人能想到有這樣一個地方。

我們回到長廊，四處尋找我們剛剛離開的房間，除了黑色的石牆外什麼也看不到，它們隱藏得很好。太后不喜歡紫禁城的主要原因之一就是它隱藏的祕密，其中許多她自己都不知道，她說：「我甚至根本不談論這些地方，因爲人們對這些地方的目的有各式各樣的遐想。」

在紫禁城裡，我遇到了太后兒子同治皇帝的三位妃子，她們自從先帝去世後就一直住在這裡，把時間花在爲太后做針線活等等的事情上。認識她們後，發現她們都受過很好的教育，其中一個叫瑜妃的，特別聰明，她會寫詩，會彈很多樂器，被認爲是本朝最富智慧與教養的女子，她對西方國家和風俗的了解讓我大吃一驚；她似乎什麼都知道一點。我問我怎麼從來沒有見過她們，才知道她們從來不主動拜訪太后，除非她有吩咐，但是當太后留在紫禁城時，她們當然要每天請安。有一天，我收到了去拜訪她們宮殿的邀請，這座宮殿與城中所有其他建築物是分開的，那是一座很小的建築，陳設也很簡陋，只有幾個太監和婢女伺候著，她們說她們更喜歡這種簡單的生活，無須接待訪客，也不必取悅任何人。瑜妃的房間裡擺滿了各種文學作品，她給我看了幾首她寫的詩，但語調都是憂鬱的，清楚表明她的思緒所向。她贊成建立學校以教育年輕女孩，因爲只有極少數人會讀寫自己的語言，她建議我應該有機會就與太后談這件事。然而，儘管她希望看到西式改革進入中國，她並不贊成聘請傳教士作爲教師，因爲這些人總是以犧牲其他學科爲代價，教授與他們宗教相關的內容，她擔心這會使中國人對西式改革反感。

袁世凱與太后

十一月末，太后召見直隸總督袁世凱，由於這天是假日，卡爾小姐不在，我得以出席。太后問他對俄羅斯和日本之間糾紛的看法，他說，雖然這兩個國家可能會開戰，但中國不會受到任何牽連，不過戰爭結束之後，東三省肯定會有麻煩。太后說她很清楚，因爲他們在中國領土上打仗，而中國最好的作法是在這件事情上保持絕對中立，因爲甲午戰爭已經消耗太多國力。她說，最好向所有官員下令，中國人不得以任何方式干涉，以免讓人找到藉口找我們麻煩。

接著，她問他對戰爭的結果有何看法——誰會贏？他說這很難說，但他認爲日本會贏。太后認爲，如果日本獲勝，這件事就不會給她帶來太多麻煩，但是她懷疑袁世凱的看法，她說俄羅斯是一個大國，軍隊人數眾多，勝負還遠遠不能確定。

太后隨後談到了中國的情況，她說，如果中國被迫與另一個國家開戰，我們應該毫無辦法，我們沒有準備好，沒有水師，也沒有訓練有素的步營，實際上我們沒有任何東西可以保護自己。袁世凱向她保證，中國眼下不會有任何麻煩，太后回答，無論如何，中國是時候開始覺醒並努力找出解決問題的辦法了，但她不知道該從哪裡開始，她的野心是看到中國成爲世界強國，她不斷收到改革這個改革那個的建議，但我們似乎從未做出成效。

會見結束後，太后又見了軍機處諸位大臣，她把見袁世凱時說的話都告訴了他們，他們當然都同意應該做點什麼，對國防等問題的建議做了一些討論，但有親王說，雖然他整體而言非常贊成改革，但他極爲反對改穿西洋服飾、採行西方生活方式和剪除辮子。太后非常同意這些看法，並表示改變中國人的風俗習慣，卻向較爲不文明的國家學習，這不是明智之舉。像往常一樣，會面結束時沒有做出任何明確的決定。

在接下來的幾天裡，戰爭成爲唯一的議題，許多將領都接受太后的召見，這些會面有時很好笑，因爲這些軍人很不習慣宮廷的規矩，不懂覲見太后時的禮儀程序。這些將領提出了許多愚蠢的建議，在一次談話中，太后談到了水師的無能，這涉及我們沒有訓練有素的水師軍官的問題。一位將領回答說，我們中國人比其他任何國家都多，至於船隻，在各流域之間我們有幾十艘兵艦和商船，在戰爭時可以派得上用場。太后命令他退下，說中國確實有很多男人，但大多數都像他一樣，對國家沒有什麼用處。等他退下，大家都笑了，可是太后阻止我們，說她一點都笑不出來，她氣得不敢想，在步營和水師擔任軍官的都是這樣的男人。一位宮女問我，為什麼太后對這個男人提到兵艦時如此生氣，我告訴她，用這些兵艦去對抗一艘戰艦，還不如不要用，聽到這裡，她非常驚訝。

十一月末，兩湖總督張之洞到北京朝見太后，太后對他說：「現在，您是我國最年長的官員之一，我希望您就這場戰爭將對中國產生什麼影響發表您公正的意見。不要害怕把您堅定的意見說出來，因為我想為任何可能發生的事情做好準備。」他回答說，無論戰爭的結果如何，為了貿易的目的，中國很可能不得不在東三省問題上向列強做出某些讓步，但其他事情則不應該被干涉。太后複述了在之前的會面上就這個主題以及中國的改革所討論的內容，張之洞回答說，我們有足夠的時間進行改革，如果我們太著急，我們什麼也不會成功。他建議在做任何確切的決定之前，要先詳細討論問題。在他看來，在改革問題上走極端是愚蠢的。他說，十年或十五年前，他會非常反對任何改革，但現在他在一定程度上看到了改革的必要性，因為情況發生了很大變化。他說，我們要嚴格遵守自己的生活方式，不要拋棄祖先留下來的傳統。換句話說，他只建議採用西方文明，以補強自身的不足，僅此而已。太后很高興與他面談，因爲張之洞的意見與她完全吻合。

在每次會面的時候，皇上雖然都在場，卻從不開口說一句話，而只是坐著聽。按照慣例，太后會徵求他的意見，這只是一種形式，他總是回答說，他和太后的說法或決定一致。

在與佛教有關的許多宗教儀式中，「臘八粥」是最重要的，在每年的農曆十二月八日舉行。相傳千百年前的某個農曆十二月八日，如來佛乞食，得到了百姓的白米和豆子，他帶回去平分給其他僧人。感念於他的大慈大悲，這一天被定爲紀念日，以對此事永誌不忘，本意是在這一天修行克己，以得到如來賜福，所以只吃米飯、五穀、豆類，把它們混合在一種粥裡，但不加鹽或其他調味料，吃起來一點都不好吃，完全沒有味道。

第十八章　過年

新年儀式

現在已經到了爲準備過年而將宮殿大掃除的時候了，每樣東西都必須拆開並全面檢修，所有的畫作、照片、家具和其他所有的東西都要經過徹底的擦洗。太后再次查閱她的曆書，以選擇一個開始掃除的吉日，最後她選擇農曆十二月十二日爲大吉之日。由於我們之前都收到了命令，我們十二日一早就開始動作了。幾位宮女被告知要取下並清理佛像，還要爲其準備新的簾幕，其餘的清潔工作則由太監完成。我問太后要不要清洗她的首飾，她說除了她自己沒有人戴過，不需要清洗。

在太后對打掃的成果滿意之後，她準備了一份她希望能參加辭歲的人的名單，這個儀式在每年的最後一天舉行，有點像歐洲通常在每年最後一個晚上舉行的午夜儀式——就是一個辭別舊歲的告別儀式，大約提前兩週邀請客人，以便給他們充足的時間做好準備。太后還爲宮女訂購了新的冬裝，這些新衣服和我們當時穿的唯一不同的是，它們是用銀狐皮而不是灰松鼠的皮毛滾邊的。

接下來就是準備發糕，在新年的時候用以祭拜神佛與祖先。第一個必須由太后親自製作。所以當太后決定該是準備發糕的時候，所有宮眷都進入一個特別爲此準備的房間，而太監則帶來原料——米粉、糖和酵母。原料混合成麵團，接著蒸而不烤，使它像普通麵包一樣膨脹，人們認爲它膨脹得越高，神明越高興，製作的人越幸運。第一個發糕做得很好，我們都恭喜太后，她顯然對結果很滿意，接著她命令每個宮女都製作一個，結果卻是一場災難，沒有一個做成應該有的樣子。今年是我第一年做發糕，所以我失敗是有原因的，但令我驚訝的是，沒有一位資深宮女做得更好，當我向其中一位詢問原因時，她回答說：「爲什麼？我是故意的，當然是爲了滿足太后的虛榮心。就算不能做得比她好，我當然也可以做得和她一樣好，但這樣做並不聰明。」等我們都做好了發糕，就吩咐太監做剩下的，不用說他們各方面都做得很完美。

接下來是準備小碟子裝椰棗和各種新鮮水果，用常青樹的葉子等裝飾之後，放在佛像前。然後我們準備了用玻璃盤裝的糖果，供奉給灶神。農曆十二月二十三日，灶神離開人間回到天庭，向天帝報告我們一年來的所作所爲，於這一年的除夕再回到人間，給祂這些糖果是爲了堵住祂的嘴，防止祂說太多。準備好這些糖果後，我們都移步到御膳房，將供品放在供桌上，她轉身對廚師說道：「你現在最好小心點，灶神會把你這一年偷了多少東西都說出來，你會受到懲罰的。」

第二天還要舉辦一個儀式，就是爲賓客和宮眷寫春聯，所以一大早我們就和太后一起去朝堂，太監已經準備好了大張黃色，紅色和淡綠色的紙，太后拿起大支毛筆開始寫字，在其中一些紙上，她寫下「壽」字，在其他紙上寫了「福」字，不久之後，當她開始感到疲倦時，她會請一位宮女或一位官吏替她寫完全部的春聯，完成之後分送給賓客和各個官員，太后自己寫的會保留給她特別喜歡的人，這些到了新年前幾天才會送出去。

太后收到了來自各省總督與重要官員的新年賀禮，她會檢查收到的每一件禮物，如果得到她的青睞，她會拿出來用，但如果不喜歡，她就會鎖在其中一個儲藏室裡，可能再也不看它一眼了。這些禮物包括小件家具、古玩、珠寶、絲綢，實際上甚麼都有——甚至是衣服。袁世凱總督送來的禮物就是一件黃色緞面長袍，繡著用不同顏色的寶石和珍珠組成的牡丹花，葉子則是翡翠製成的。這眞是一件極爲耀眼奪目的東西，而且肯定所費不貲，唯一的缺點是它的重量，它太重了，穿起來很不舒服。太后似乎對這件長袍很滿意，第一天就穿上它，之後就完全丟在一旁了，儘管我經常建議她穿，因爲這是我見過最華麗的長袍，她還是不肯。有一次，太后召見一個外交使團時，我又建議她穿這件禮服，她拒絕了，沒有給出任何理由，所以在宮廷之外沒有人見過這件絕美的華服。

另一件昂貴的禮物是兩廣總督送的四袋珍珠，每袋包含數千顆珍珠，它們的形狀和顏色都很完美，在歐洲或美國的價格都會非常驚人，然而，太后的珠寶太多了，尤其是珍珠，所以她幾乎沒有注意到它們，只說它們非常漂亮。

每年過年，皇后和宮女們也要送禮物給太后，這些大部分是我們自己製作的物品，例如鞋子、手帕、領巾、包袋等等，母親、妹妹和我自己把我們從巴黎帶來的鏡子、香水、香皂和類似的美妝小物作爲禮物，太后極爲欣賞，非常得意，太監和婢女則送上了精美的糕點和其他食物。

禮物太多，塞滿了好幾個房間，但在太后下令之前，我們不能移走它們。

宮女們還互相交換禮物，我們常常搞混而引起許多樂趣。這一次我收到了十幾個不同的禮物，輪到我送東西的時候，我決定把從同伴那裡收到的一些禮物拿出去送人。令我訝異的是，第二天我從一位宮女那裡收到一條繡花手帕時，我立刻認出那是我作爲新年禮物送給她的那條手帕，我告訴這位女士這件事，她就轉身道：「嗯，那眞是挺可笑的，我就是想知道是什麼讓你把我送你的鞋子還我的。」當然大家都笑很開心，更有趣的是，對比了所有的禮物，我們發現有一半的人都收到了自己給出的禮物。爲了解決這件事，我們把禮物都扔做一堆，盡可能平均地分配，每個人都對結果感到滿意。

大約在新年的前一周，所有會面都停止了，印章也都封起來，直到假期結束。在這段期間，太后沒有進行任何政務，做甚麼都輕鬆多了，我們也可以看到，從忙亂喧囂到平靜無聲，太后對這樣的變化感到愉悅。除了放鬆，我們甚麼也不做，直到今年的最後一天。

三十日一早，太后前去祭拜神明與祖先牌位，儀式結束後，賓客陸續到來，到了中午時分，所有賓客都到齊了，大約有五十個人，主要嘉賓有：大公主（太后的養女榮壽公主）、醇親王福晉（光緒帝之五弟載灃之妻）、洵貝勒與濤貝勒福晉（光緒帝之六弟載洵與七弟載濤之妻）、恭親王福晉（榮壽公主姪子溥偉之妻），還有慶親王的家人，所有這些女士都是宮廷的常客。第二天，許多其他命婦都來了，她們不是皇室宗親，而是由先帝授予榮銜，接著是滿人高官的女兒，以及很多我從未見過的人。到了中午，所有的客人都到了，在介紹給太后之後，她們就被帶到不同的房間裡，讓她們休息一會兒。下午兩點鐘，眾人聚集在朝殿之內，按等級列隊，在皇后的帶領下，向太后磕頭，這就是之前所說辭歲的儀式，其實就是新年來臨前向太后辭歲。儀式全部結束後，太后給了我們每個人一個紅緞繡金的小錢包，裡面裝著一些錢，這是爲了讓每個人在新年開始時就有一筆儲蓄，在急難時這筆錢就能幫助她們。這是一種古老的滿人習俗，至今仍保留著。

晚上在音樂和玩樂中度過，我們通宵達旦，徹夜未眠。在太后的建議下，我們開始用骰子賭博，太后爲我們每個人提供本錢，有時高達約等同兩百美元，她告訴我們要認眞對待比賽，並努力贏得勝利，但我們當然小心翼翼地沒有贏過太后。當太后開始累了的時候，她停止比賽，並說道：「現在，我要把贏來的錢全部扔在地板上，你們女孩兒可以去搶這些錢。」我們知道她想找點樂子，所以竭盡全力爭奪。

夜半時分，太監們盛著一個燒著木炭的大銅火盆進屋，太后從事先準備好的一株很大的常青樹上摘下一片葉子，把它扔進火裡，我們每個人都效仿她，加入大塊大塊的松香，讓空氣充滿香味。這個儀式是爲了替來年帶來好運。

太后唱歌

下一個項目是爲大年初一做年糕或餡餅。在新年的第一天，任何人都不能吃米飯，而要吃年糕代替，年糕是用粉漿製成的，裡面有碎肉，當我們其中一些人在準備這些年糕時，另一些人正在爲太后的早餐剝蓮子。

時間已經接近凌晨，太后說她累了，要去休息一會兒，但她不會睡著，所以我們可以隨心所欲地繼續吵鬧。我們這樣鬧了一陣子後，就去寢室看看太后，發現她睡得很熟，於是我們都回到各自的房間，開始整理自己，爲新的一天做準備。太后一醒，我們就帶著幾盤蘋果（代表「平安」）、橄欖（「長壽」）、蓮子（「福氣」），一起來到她的臥室，她一如期望地接受了這些禮物，並祝我們一切順利。她問我們是否去睡了，得知我們整晚都沒有睡，她說那就對了，自己本來不想睡，只想休息一下，但不知怎地，她無法保持清醒，因爲她已經是個老太婆了。我們伺候她直到她梳洗完畢，接著向她拜年，然後我們前去向皇上和皇后請安，儀式就這樣結束了，沒有別的事需要完成，因此我們都陪著太后去劇樓。演出是在庭院裡搭起的舞台上進行的，太后把遊廊的一部分圍起來，供客人和宮女觀劇，演出之中我開始感到非常疲倦，最後靠在一根柱子上睡著了，突然間我醒過來，發現有東西掉進我的嘴裡，我仔細端詳，發現它不過是一塊糖果，我立刻把它吃掉。當我走近太后時，她問我糖果好吃嗎，並要我不能睡覺，要像其他人一樣開心地玩。我從來沒有見過太后這麼幽默，她像個小女孩一樣和我們一起玩，在她身上幾乎認不出我們所熟知的那位嚴厲的慈禧太后。

賓客似乎也都玩得很開心。晚上，戲劇演出結束後，太后吩咐太監把樂器搬上來，爲我們演奏曲子，她自己唱了幾首歌曲，我們都在間奏的時候唱。太后接著命令太監唱歌，有些是訓練有素的歌唱家，唱得很好聽，但有些根本不會唱歌，他們爲了取悅太后而引發許多趣事。皇上似乎是在場唯一一個不開心的人，他從來沒有笑過一次，在外頭見到他，我問他爲什麼看起來如此難過，他只用英文回答：「A Happy New Year」，笑了一下，然後就走開了。

第二天，太后一早就起身，前往朝堂祭祀財神爺，我們都陪著她參加儀式。在接下來的幾天裡，我們什麼也沒做，只有賭博和爭奪太后的獎金。本來一切都很好，直到有一天，一位宮女開始哭泣，指責我在搶錢的時候踩到她的腳趾，這讓太后生氣了，她命令這個冒犯她的人回自己房間，在那兒待上三天，太后說如果她連這種小事都受不了，不配一塊兒玩樂。

正月初十是皇后千秋，我們問太后是否可以送禮，她允許我們想送甚麼都可以，不過，我們將所有的禮物都呈給太后批准，然後才送給皇后。我們必須非常謹慎，不能選擇任何太后認為太好的東西。很難說送什麼禮物好，因為任何一樣禮物都可能被太后自己看中，即使它們本質上可能沒有多大價值。遇到這種情況，太后會告訴我們，她會保留這個，並給皇后一些別的東西。

慶祝活動與皇上的萬壽節非常相似，只是沒有那麼鋪張奢華。我們將如意獻給皇后，向她磕頭，她應該坐在她的寶座上接受跪拜，但我們是太后的宮女，出於尊重太后，她站了起來。不論在甚麼情況下，她對我們都非常客氣。

這一天，和皇上的誕辰一樣，皇上、皇后和妃子一起吃飯，他們只有在兩個場合能這麼做，其他時間總是分開用餐。太后派了她的兩個宮女去侍候皇后，我自己也是其中之一。我很高興，因為我想親眼看看他們在一起時怎樣相處。我進了皇后的房間，說太后吩咐我們伺候他們，她只是回答：「很好。」所以我們去了餐廳，擺好桌子，放好椅子。這頓飯和我預期的大不相同，他們在用餐時沒有像太后那樣拘謹和嚴肅，而是相當自由和輕鬆，我們被允許加入談話並分享一些食物和葡萄酒。用餐時以一個非常美好的儀式開始，皇上和皇后入座，妃子斟滿酒杯，依次遞給他們，先遞給皇上，以示敬意。吃完飯，我們回到了太后的宮殿，告訴她一切都很好。我們很清楚，我們只是被派來充當間諜的，但我們沒有什麼有趣的事情可以告訴太后。她問皇上是不是很嚴肅，我們回答「是」。

正月十五的元宵節迎來了春節最後的慶祝活動，元宵燈籠形狀各異，分別表現出動物、花卉、水果等等的樣子，它們是以白紗製成的，塗上不同的顏色。一盞表現一條長約十五英尺的龍的燈籠被固定在十根竿子上，需要十個太監舉到適當的位置，在這條龍的面前有一個太監提著一盞燈籠，代表龍想要吞下去的一顆大珍珠。儀式在音樂的伴奏中進行。

燈籠表演過後是放煙火，這些煙火表現出中國歷史上不同的景象，還有葡萄藤、紫藤花等眾多花卉，非常壯麗。可移動的木屋放置在煙火附近，太后和宮裡其他人可以從那裡看煙火，而毋須暴露在寒冷的空氣中。這場表演持續了幾個小時，毫無間斷，期間還燃放了成千上萬的鞭炮。太后似乎很享受這種噪音。總的來說，這樣結束慶祝活動很好，我們都樂在其中。

第二天早上，所有的賓客都離開了宮殿，重啓了我們的日常生活。

一如往常，客人離開後，太后開始批評他們的服裝，對宮廷禮儀的無知等等，但補充說她很高興，因爲她不希望他們知道宮廷生活的任何事情。

隨著春天的到來，農民播種水稻的時間到了，當然又有另一個儀式，皇上於社稷壇祭祀行禮，祈求五穀豐登，然後，他前往位於壇內的一小塊土地，親自掌犁翻田後，播下了這個季節的第一批種子，這是爲了向農民表明，他們的勞動是受到重視的，即使是皇帝也樂於從事這項工作。任何人都可以參加這個儀式，這是一個相當公開的活動，很多農民都在場。

與此同時，皇后則去顧蠶，仔細留心將要孵化的蠶卵，一旦孵化，皇后就採桑葉給蠶吃，照看牠們直至大到可以開始吐絲。牠們每天都要用新鮮的葉子餵食四到五次，幾位宮女被派去在夜間餵食這些蠶，並確保牠們沒有逃脫。這些蠶長得非常快，我們每天都能看到差異，當牠們長大以後，牠們需要更多的食物，我們就一直忙於不斷地餵養牠們。皇后將牠們拿到燈光下來判斷何時吐絲，如果牠們是透明的就是準備好了，於是就把牠們放在紙上並留在那裡。吐絲的蠶不吃東西，所以我們要做的就是看著它們以防逃跑。四五天後絲吐盡了，牠們就蜷縮起來，看上去像是死了。皇后把這些看似已經死去的蠶收集起來放在一個盒子裡，一直保存到牠們長成蠶蛾，然後再將牠們放在厚紙上等著產卵。

如果任其成長，蠶會吐絲把自己包裹起來，直到它們完全被覆蓋，逐漸形成一個繭。

爲了確定牠們何時吐完絲，習慣上會將繭拿在耳朵附近搖一搖，如果蠶絲已經全部吐盡，你可以清楚地聽到繭內的蟲發出喀啦喀啦的聲音，這時就將繭放入沸水中直至變軟，當然，這樣裡面的蠶就會死了。爲了分離絲線，會使用一根針來拾取線頭，然後將其纏繞到線軸上以繅絲。一些蠶繭會被保留起來，直到蠶變成蠶蛾，將繭吃掉破繭而出，此時牠們就會被放在紙上產卵，卵被帶走後則保存在陰涼處，直到次年春天孵化成蟲。

將蠶絲完全抽好之後，我們將其帶到太后處檢查核可。就在這個時候，太后命令一位太監帶來一些她年輕時在宮中親手製的絲，與新絲相比，儘管經過多年，發現它在各方面都不輸新絲。

這一切都與皇帝春耕播種的目的相同，即：爲人民樹立好榜樣，鼓勵他們好好工作。

第十九章 三海

給不給畫家報酬

今年春天非常炎熱，太后急著想回三海，然而，由於俄羅斯和日本之間已經宣戰，大家認爲最好留在紫禁城，直到局勢平緩。太后非常憂慮，她大部分時間都在向不同的神明祈求中國平安無事，我們理所當然也加入她的行列。這段時間非常枯燥無聊，直到農曆二月初也沒有什麼特別的事情發生。這時候太后已經厭倦待在紫禁城裡了，說不管發生什麼事，她都要搬回三海，讓卡爾小姐有所進展，把懸宕了將近一年的畫像畫完。於是二月初六我們就搬回三海，景致一派新鮮，綠意盎然，花朵也開始綻放了。太后帶著我們在湖邊轉了一圈，我們的心情非常好，以至於太后說我們的行爲不像人類，更像是許多從動物展覽館裡逃出來的野生動物。她現在開朗了許多，但說去頤和園的話她會更開心。

太后傳卡爾小姐入宮，並要求看這幅畫像。她再次問我要多久才能完成，我告訴她，除非她多花一點時間來擺姿勢，否則可能很長一段時間都不會完成。太后考慮了很久，最終同意在每天早上的朝會之後給卡爾小姐五分鐘，但她希望卡爾小姐明白，她除了給看臉部姿態以外沒有打算擺任何姿勢。因是之故她坐了兩個早上，但第三天早上她就藉口說她不舒服，我告訴她，除非她坐著表現臉部表情，否則卡爾小姐沒辦法再畫下去。爲此，儘管她很生氣，她還是爲了卡爾小姐多坐了幾次，直到臉部畫完爲止，之後，不論完成與否，她都堅決不再坐，說這幅畫像已與她無關，我自己則代替她爲肖像的其他部分而坐，也就是太后的衣服、珠寶等等，肖像就這樣逐步完成了。

當太后得知肖像畫即將完成時，她非常高興，我認爲這是再次提出付款問題的好機會。太后問我是否眞的認爲有必要爲這幅肖像支付酬金，以及該給多少錢，我告訴她，繪畫是卡爾小姐的職業，如果她沒有畫太后的肖像，她很可能會從事其他類似的工作並得到酬勞，在這種情況下，她自然會期望得到更高的報酬。這一點很難讓太后明白，她問我是否非常確定卡爾小姐還有介紹她的康格夫人不會因爲我們付她錢而感覺被冒犯，我解釋說，在美國和歐洲，女士們習慣於通過繪畫、教學或其他類似方式謀生，這不丟臉，相反地還很體面。太后得知後似乎很吃驚，問卡爾小姐的哥哥爲什麼不自己資助她，我告訴太后，卡爾小姐不希望靠哥哥撫養，除此之外，他已婚且有家累。太后認爲這種文化十分有趣，在中國，當父母去世時，兒子有責任撫養未婚的姐妹，直到她們結婚爲止。她還說，如果中國女性爲謀生而工作，那只會讓她們成爲人們八卦的對象，不過，她答應會和大臣談談支付卡爾小姐的費用。我感到有些欣慰，畢竟似乎有可能做出一些令人滿意的安排。

二月十二日是另一個有趣誕辰的儀式，即：花草樹木的生日花朝節。上午的朝會結束之後，我們進入庭院，太監已經拿著大卷大卷的紅綢在那兒等候，我們開始把綢布剪成大約兩英寸寬和三英尺長的長絲帶，當我們剪得夠多的時候，太后就拿了一條紅的和另一條黃的絲帶，繫在其中一棵牡丹的莖上（在中國，牡丹被認爲是花中之王），接著，所有的宮女、太監和女婢都開始用紅絲帶裝飾庭院中每一棵樹和植物，就像太后所做的那樣。花了幾乎整個上午的時間之後，這些絲帶和宮女鮮豔的衣著與紅花綠樹，一同構成了一幅非常漂亮的畫面。

接下來我們去看了一場戲劇表演，內容是所有樹仙和花仙都來歡慶他們的生日。中國人認爲，所有的樹和花都有自己的神，樹仙是男人，花仙是女人。演出服裝非常漂亮，與舞台上的綠樹和鮮花融爲一體，其中一位荷花仙子所穿的服裝是用粉紅色的絲綢製成的，代表花朵的花瓣，裙子是用綠色的絲綢製成的，代表荷葉。每當這個仙子一動，花瓣就如同被微風吹拂一樣地移動，像眞的花朵一般，其他幾件代表不同花朵的服裝也是以同樣的方式製作的。場景是一片林地山谷，周圍是巨大的岩石，岩石中的洞窟跑出無數的小仙女，端著用玻璃酒瓶裝的酒。這些小仙女代表了較小的花朵、雛菊、石榴花等等，極爲精彩，難以言表。眾仙子聚在一起喝了酒之後，開始唱歌，伴著非常輕柔的弦樂。最後一幕爲演出畫上了一個非常適合的結尾，有一條小彩虹逐漸下降，直到停在岩石上，接著每位仙女輪流坐在再次升起的彩虹上，將她們穿過雲層帶到天堂。慶祝活動到此結束後，我們都回到了各自的房間。

二月十四日（一九〇四年三月二日），我在宮裡就滿一年了。在太后提醒我之前，我已經完全忘記這件事，她問我在這兒是否感到舒適開心，還是我渴望回到巴黎，我如實地回答說，雖然我在法國過得很愉快，但我還是更喜歡宮廷生活，真的很有趣，除此之外，我身處家鄉，和所有的朋友親戚在一起，我自然更喜歡這種日子，而不是生活在陌生的土地上。太后笑著說，她怕我遲早會厭倦宮中的生活，再次漂洋過海，唯一能確定我不會離開的方法就是把我嫁出去。她又問我反對結婚的理由是什麼？我是怕有婆婆，還是怕什麼？如果僅此而已，我不必擔心，只要她還活著，就沒有什麼好害怕的。太后說，就算我結婚了，我也不必一直呆在家裡，我可以像往常一樣在宮裡度過，她繼續說：「去年當你反對結婚時，我願意緩一緩，因爲你的成長經歷與其他宮女有所不同，但不要以爲我已經忘記這件事了，我還在爲你尋找合適的丈夫。」我像以前一樣簡單地回答——我絕對不想結婚，我想就這樣下去，住在宮廷裡，只要太后願意讓我服侍她。她批評我固執，並說我可能很快就會改變主意。

肖像畫完成與皇上的缺席

二月下旬，卡爾小姐非常努力地畫這幅肖像，現在已經接近尾聲了，太后再次查閱她的曆書，以選擇一個將這幅畫全部完成的大吉之日，太后選擇了一九〇四年四月十九日，並馬上通知卡爾小姐，卡爾小姐斬釘截鐵地說，肖像畫不太可能在指定的那天完成，我把卡爾小姐的話告訴太后，解釋說還有很多小的收尾工作，我建議如果可能的話再給卡爾小姐幾天。不過，太后說必須在四月十九日四點之前完成，其他的話就不用再說了。

大約在預定完成時間的前一周，太后到了畫室，對這幅畫作最後的檢查，她似乎非常滿意，但仍然反對將她的臉一側塗黑，另一側塗淺，正如我之前所說，我已經解釋過這是陰影，但太后堅持要我告訴卡爾小姐，讓她把臉的兩邊顏色塗成一致，這引起了我和卡爾小姐之間的激烈爭論，但她最後看出不可能在這件事上違背太后的意願，所以同意稍微改變一下。太后無意間在畫作下緣看到一些外國文字，她詢問那是什麼，得知那只是畫家的名字後，她說：「好吧，我知道外國人會做一些奇怪的事情，但這是我聽過最奇怪的。想想看，她把自己的名字放在我的畫像上，人們自然而然會覺得這是卡爾小姐的肖像，而不是我自己的肖像。」我再次解釋了原因，說外國畫家總是習慣在他們畫的任何一幅畫的下邊寫上自己的名字，無論是肖像還是其他的畫，所以太后說，那大概沒問題，應該留著，但她看起來一點也不滿意。

卡爾小姐幾乎通宵達旦地工作，終於在規定的時間內完成了這幅畫像，太后安排康格夫人和其他公使夫人到宮裡看畫像。這是一個相當私人的聚會，太后在其中一個小殿接待了她們，在例行的問候之後，太后命令我們將女士們帶到畫室，太后自己則向她們道別並留在她自己的宮殿裡。皇后按照太后的吩咐，陪我們到了畫室，並擔任女主人。每個人都對這幅肖像敬佩不已，一致認爲畫得太神似了。鑑賞完畫像後，我們便到享用點心的地方去，皇后坐在桌子主位，讓我坐在她旁邊。眾人落座不久，一位太監來了，請皇后通知這些女士，皇上身體有些不適，不能出席。我翻譯了這句話，每個人都顯得很滿意。事實上，皇上沒事，但我們都忘了他，客人們在沒有見到他的情況下就離開了。

一如往常向太后匯報一切後，她問起她們對這幅畫像有何看法，我們說她們非常欣賞這幅畫像。太后說：「那當然，這是外國畫家畫的。」她似乎提不起勁，而且正在對某件事生氣，這讓我非常失望，因爲卡爾小姐費了很多力氣才完成這幅肖像。太后接著說，卡爾小姐花了那麼長時間才完成這幅畫像，爲什麼沒有人提醒她要告訴皇帝有這個聚會，她尤其對總管太監特別惱火。太后說，她一想起來，就立刻派太監去給了一個藉口，因爲女士們很可能會認爲皇上出了什麼事而說長論短的。我告訴她，我向她們說明了皇上身體不太舒服，但她們顯然對他不在的事情沒有多想。

第二天，宮殿裡的木匠已經完成了肖像的外框，當畫安裝好之後，太后命令我的兄弟給它拍照，這張照片的效果非常好，以至於太后說它比肖像本身還要好看。

肖像畫完了，卡爾小姐準備告辭，幾天後她就離開了，她收到了太后送來的一份豐厚現金作爲禮物，還有一件裝飾品和許多其他的禮物作爲她服務的報酬。卡爾小姐離開皇宮後的很長一段時間裡，我都感到很孤獨，因爲她住在這兒的期間，我發現她是一個和藹可親的伙伴，而且我們有很多共同話題。太后見我不太說話，便問我原因，她說：「我猜你開始想念你的女畫家朋友了。」我不敢承認，怕她覺得我對她忘恩負義，而且我知道她不喜歡我對外國人太友好，所以我向太后解釋說，我一直對失去老朋友感到難過，但我很快就會適應。太后的態度很和善，說她希望自己對這些小事能多一點感情，但當我到了她這個年紀時，看待事情應該會更冷靜豁達。

太后講述義和團

有一天，卡爾小姐離開宮廷後，太后問我：「她有沒有問過你關於一九〇〇年義和團運動的事情？」我告訴她，我對義和團運動知之甚少，因爲當時我在巴黎，沒辦法說甚麼，我向她保證，這位女畫家從未向我提起這個話題。太后說：「我不想提那件事，我不想讓外國人問我的子民關於這件事的問題。你知道嗎，我經常認爲我是有史以來最聰明的女人，其他人無法跟我相比。雖然我聽說過很多關於維多利亞女王的事，也讀過她部份生平的中文譯本，但我仍然認爲她的生平沒有我的一半有趣和豐富。我的人生還沒有結束，也沒有人知道未來會發生什麼。總有一天，我會用一些非比尋常的事震驚外國人，並做一些我從未做過的事情。英國是世界強國之一，但這並不是維多利亞女王的專制統治所帶來的，她一直有議會的能人支持，他們當然能討論一切直到獲得最好的結果，然後她就簽署必要的文件，對國家的政策眞的毋須置喙。現在看看我，我有四億子民都仰賴我的決斷，雖然我有軍機處可以諮詢，但他們各司其職，任何重要的事情我都必須自己決定，皇帝知道什麼？到目前爲止我都非常成功，但我做夢也沒想到義和團運動會以對中國產生如此嚴重的結果告終。這是我一生中唯一犯的錯誤。我本應立即下詔，制止義和拳發展，但載漪、載瀾都告訴我，他們堅信義和拳是上天派來的，會讓中國擺脫所有不受歡迎和令人憎恨的洋人，當然，他們主要指的是傳教士，你知道我多麼討厭他們，而且我一直非常虔誠，所以我想我就不說話，等著看會發生什麼事。直到有一天，載漪帶著義和拳的首領來到頤和園，把所有的太監都叫到朝堂的院子裡，檢查每個太監頭上是否有十字架，我覺得他們做得太過分了，他說：『這個十字架你看不到，但我可以通過在頭上找到十字架來識別他是否是教民。』載漪隨後來到我的宮殿，告訴我義和拳的首領在宮門找到了兩個信奉基督教的太監，問我該怎麼辦，我立刻勃然大怒，告訴他未經我允許，他無權帶任何拳民進宮，但他卻說，這位首領實力強大，能夠殺光所有的洋人，也不怕洋人的槍械，所有的神明都在保護著他。載漪告訴我，他親眼目睹了這一切，一個拳民用左輪手槍射擊了另一個人，子彈擊中了他，但他絲毫沒有受到傷害。接著載漪建議我把這兩個應該是教民的太監交給義和拳首領，我任憑他處置，後來聽說這兩個太監就在這附近的鄉下被斬首了。第二天，義和拳首領在載漪和載瀾的陪同下來到宮中，讓所有的太監都燒香，以證明他們不是教民，之後，載漪也建議我們最好讓義和拳領袖每天來教太監們教義，幾乎所有的北京人都在學習。第二天我非常驚訝地看到我所有的太監都打扮成拳民，他們穿著紅色外衣、紅色頭巾和黃色褲子。我很遺憾看到我所有的侍從都丟掉了他們的公服，穿上了那樣一套滑稽的服裝。載瀾也送給我一套義和拳服裝。當時軍機領班大臣榮祿病重，請假一個月，他生病的時候，我每天都派一個太監去見他，那天太監回來告訴我，榮祿身體不錯，雖然他還有十五天的假期，但他第二天就會進宮。我很納悶他爲什麼要提前銷假，不過，我急著想見他，因爲我想向他請教一下這位拳民首領的事。榮祿得知宮中發生的事情後，神色悲痛，說這些拳民不過是亂黨，他們試圖讓平民幫他們殺洋人，但他非常害怕結果會對朝廷不利。我告訴他事情可能會如他所料，問他該怎麼辦，他說他會和載漪談談，但是第二天載漪告訴我他和榮祿就義和拳問題發生了爭執，並說北京人都成了拳民，如果我們想阻止他們，他們會盡一切可能殺死北京的所有人，包括宮裡的人。義和拳已經選好了殺死所有外國使臣的日子，董福祥是一位非常保守的將領，也是義和拳成員之一，他曾承諾將率領他的軍隊幫助義和拳向使館開火。聽到這裡我憂心如焚，預料會有大事發生，所以我立刻派人去叫榮祿，把載漪留在我身邊。榮祿來了，臉色沉重，在我告訴他義和拳要做什麼之後，他更加憂慮，立即建議我下詔說義和拳是一個秘密組織，任何人都不要相信他們的教義，並指示九門提督立即將所有拳民趕出城外。載漪聞言大怒，對榮祿說，若下了這樣的詔書，義和拳會進宮殺光每一個人。載漪這麼說的時候，我想我還是把一切都交給他吧。載漪離開皇宮後，榮祿說，載漪絕對是喪心病狂，他確信這些拳民會造成極大的禍害，榮祿還說，載漪瘋了才會幫助拳民滅了使館，這些拳民都很粗鄙，沒有受過教育，他們認為在中國的少數洋人是世界上唯一的洋人，如果他們被殺，洋人的末日就到了，他們忘記了這些西方國家有多強大，如果在中國的洋人都被殺了，成千上萬的洋人會來報仇。榮祿斬釘截鐵地說，一個洋兵可以毫不費力地殺死一百個拳民，並請求我下指示，讓他命令後來被拳民殺死的聶士成將軍帶他的軍隊保護使館。我當然立刻准許，還告訴他，他必須馬上去見載漪和載瀾，告訴他們這是一件很嚴重的事情，他們最好不要干涉榮祿的計畫。情況一天比一天糟糕，對抗義和拳的只有榮祿一個人，但一個人如何能對抗這麼多人？有一天，載漪和載瀾來了，要我下詔，命令義和拳先殺掉所有使館的人，然後殺掉剩下所有的洋人，我非常生氣，拒絕發布這個詔書，我們談了很久之後，載漪說這件事刻不容緩，因為義和拳已經準備好了，他們第二天就要向使館開火。我大怒，吩咐幾個太監把他趕出去，他邊走邊說：『如果你不下詔書，不管你願不願意，我都替你辦。』他就眞的辦了，之後你就知道發生了什麼事，他發布了這些我不知道的詔書，他要對許多人的死亡負責。等他發現自己的計畫無法完全實現，又聽說洋人軍隊離北京不遠之後，他非常害怕，所以讓我們都離開北京。」她說完就哭了，我告訴她我很難過，她說：「你不必爲我所經歷的感到難過；但是你一定會爲我的美名毀於一旦而感到遺憾。這是我一生中犯的唯一錯誤，而且是在我軟弱的時候犯下的。以前我就像一塊無瑕的美玉，每個人都欽佩我爲國家所做的一切，但是自從這次拳亂以來，這塊玉就有了缺陷，它會一直在那兒，直到我生命的盡頭。我時常後悔自己曾經對那個邪惡的載漪如此有信心，如此相信他；他要對一切負責。」

到了三月末，太后在三海已經待夠了，她搬回頤和園，因爲天氣非常好，這次我們乘船旅行。到了宮殿的水門，我們發現景物處處宜人，而且桃花正盛，太后很明顯地表現出她很高興又回來了，在那時她似乎暫時忘記了其他一切事情，包括戰爭。

第二十章 結尾

進宮第二年

我在宮裡的第二年與第一年非常相似。我們用相同的方式慶祝每個誕辰、忌日和節慶，每天早上與大臣的會面，通常由太后主持，結束之後就開始一天歡樂的時光。

其中，太后對她的菜園表現得極爲熱中，她親自監督播種各類種子，到了採摘蔬菜的時候，所有宮女都時不時發給一種小釘耙，然後把我們聚集在莊稼中採收農作。太后似乎很喜歡看到我們在田裡幹活，當心血來潮時，她會下來幫忙。爲了鼓勵我們投入這項工作，太后會給表現最好的人送一份小禮物，當然，爲了取悅她，也爲了得到獎勵，我們都盡了最大的努力。太后的另一個嗜好是養雞，每個宮女都分配了一定數量的雞，我們都得自己照顧這些雞，每天早上還必須把雞蛋送給太后。我不明白爲什麼我的雞生的蛋比其他少，直到有一天我的太監告訴我，他看到一個太監從我的雞舍裡偷了雞蛋，放到另一個雞舍裡，以幫助他的女主人拿第一。

太后不允許宮人奢侈浪費。有一次，她讓我打開她房裡的一個包裹，我正要剪斷繩子的時候，太后攔住我，讓我解開繩子，我費了很多力氣解開之後才打開包裹。太后接下來讓我把包裝紙疊整齊，連同繩子一起放在抽屜裡，這樣如果我下次需要，就知道在哪裡可以找到。太后有時會給我們每個人零用錢，每當我們想買些甚麼，比如鮮花、手帕、鞋子、緞帶等等，就可以從製作那些東西的婢女那裡買來。在皇宮裡，我們每買一樣東西就會寫在太后供我們記帳的小筆記本中，每個月的月底，太后都會檢查我們的賬目，如果她認爲我們太浪費了，她會好生訓斥我們。另一方面，如果我們設法讓收支平衡，她會稱讚我們懂得管理用度。在太后的諄諄教誨之下，我們都學會了精打細算，以免太后又把我們召至跟前，叨絮我們務以勤儉爲治家圭臬。

大約在這個時候，我父親開始出現病情惡化的跡象，並要求允許退休，然而太后不接受，而是決定再給他六個月的假期。他本來打算去上海看家庭醫生的，但太后不同意，認爲她的御醫和外國醫生一樣好，因此這些大夫治療了他一段時間，每天開各種不同的藥方。過一陣子，他似乎恢復了一些，但由於患有慢性風濕病，他仍然無法行動，於是我們再次建議他最好還是去上海看他自己的醫生，這位醫生非常了解我父親的狀況，但這套說詞說服不了太后，她說我們需要的是一點耐心，中醫可能會很慢，但他們很篤定父親很快就會完全治愈，她也這麼覺得。事實上，她害怕如果我父親留在上海，家裡其他人會想和他一起去，這完全不在她的安排之中。所以我們決定留在北京，除非我父親的狀況進一步惡化。

爲外交使團舉行春季園遊會的時間又到了，像往常一樣，首先專門爲公使、參贊和各使館成員安排一天行程，第二天則是他們的妻子等等。今年參加園遊會的客人很少，但來的人當中有幾個陌生人。日本使館大約六名女士和日本公使的妻子內田夫人一起來了，太后總是很高興見到這位她非常敬佩的女士，因爲她很有禮貌。

在例行的介紹之後，我們帶領女士們共進午餐，帶她們參觀宮殿，之後我們向她們道別，接著她們就離開了。我們每件事都向太后報告，並且像往常一樣，她問了很多問題。賓客當中有一位女士（據我所知是英國人）穿著厚重的粗花呢旅行裝，口袋很大，她把手伸進口袋裡，好像天氣很冷，她還戴著一頂同樣材質的帽子。太后問我有沒有注意到這位穿著用「米袋」做的衣服的女士，穿著這樣的衣服出現在宮廷中難道不奇怪嗎，太后想知道她是誰，她來自哪裡。我回答說她不屬於任何一個使館，因爲我認識那裡的每個人。太后說，無論她是誰，她肯定不習慣在上流社會中走動，因爲太后非常肯定，穿著這樣的服裝出現在歐洲宮廷是不合適的。

「我馬上就能看出來，」太后補充說，「這些人當中，誰想對我表示適當的尊重，或者誰認爲我沒資格讓他們這樣對待。這些外國人似乎以爲中國人是無知的，因此他們不必像在歐洲社會那樣愼重。我認爲最好未來讓他們了解不同的宮廷場合應該穿什麼衣服，同時，對於發給誰邀請函，我方要稍加裁量，好把傳教士還有其他不受歡迎的人屛除在外。

我喜歡會見任何來中國訪問的傑出外國人，但我不希望任何粗鄙之人出現在我的宮中。」我建議可以遵循日本的習慣，即：發出正式的邀請卡，一開始就明文規範每個特定場合要穿的禮服。太后認爲這個辦法很好，決定在中國引入類似的規則。

只要天氣允許，太后就會花很多時間在戶外看太監在花園裡幹活。早春是移植荷花的時候，她對這項工作有濃厚的興趣。所有的老根都必須切掉，新的荷莖則種植在新鮮的土壤中，雖然荷花生長在湖西側的最淺處，但太監有時必須涉水至腰部，以清除老荷並種下幼苗。太后會在她最喜歡的玉帶橋上坐上幾個小時，監督太監工作，不時建議如何種植荷莖。這項工作一般要花三到四天時間，在場的宮女們都會站在太后身邊，靠著爲太后的靠墊做花俏的流蘇打發時間。其實我們每天都很忙，我們什麼事都做。

康有為的新聞

正是在春天的時候，袁世凱再次進宮，討論的議題之一是日俄戰爭。他告訴太后，事態越來越嚴重，他擔心中國最終將成爲主要受害者。太后對這個消息非常不安，並提到某位御史曾建議向日本人贈送大量白米，但她決心不管怎樣都不採取行動，當時袁世凱大力支持這個決定。

我仍然每天忙著翻譯各種有關戰爭的新聞報導與電報。有一天早上，我看到一段文字，大意是康有爲（一八九八年百日維新領袖）從巴達維亞抵達新加坡，我認爲這可能會引起太后的興趣，因此把這段文字與報導的其他部分一起翻譯。太后頓時變得非常激動，讓我感到害怕，因爲我不知道這是怎麼回事。她向我解釋說，這個人在中國製造了各種各樣的麻煩，在見到康有爲之前，皇帝一直衷心遵守祖宗遺訓，但從那時起，他就明顯表現出對改革的渴望，甚至將基督教傳入國內。

「有一次，」太后繼續說道，「康有爲讓皇帝下令，叫士兵包圍頤和園，好將我囚禁，直到這些新政得以實施，但由於軍機大臣榮祿和直隸總督袁世凱的忠誠相助，我成功地阻止了這個陰謀。接著我立即前往紫禁城責問皇帝，他回答說他知道錯了，請求我垂簾聽政。」（一八九八年，百日維新失敗後，慈禧以光緒的名義下詔，再次垂簾聽政）

太后立即下令將康有爲及其追隨者捉拿歸案，但他設法逃走了，之後完全沒有他的消息，直到我翻譯了這篇報導。然而，她似乎鬆了一口氣，想知道他在哪裡，而且似乎急於知道他正在做什麼，但她突然又變得非常生氣，質問外國政府爲什麼要保護中國的政治叛亂份子和罪犯，爲什麼他們不能離開中國去處理自己的事，管好他們自己的百姓呢？她吩咐我留意這位先生的進一步消息，並立即向她報告，但我下定決心，無論如何，我都不會再提及他的任何事情，所以這件事逐漸平息了。

我們住在三海的時候，有一次，太后提醒我們注意看一大塊空地，並說這裡曾是朝殿的舊址，在義和拳之亂中被大火燒毀。太后解釋說，這純屬意外，並非外國軍隊蓄意破壞。她說她早就覺得這裡很礙眼，實在太醜了，現在她決意在原地再建一座朝殿，因爲現在的朝殿太小，新年的時候無法容納所有來拜年的外賓。因此，她命令工部按照她的想法準備新建築的模型，並提交給她批准。在此之前，所有宮城裡的建築都是典型的中式建築，但這個新的朝殿或多或少地融入西方元素，在各個方面都是最先進的。

模型根據太后的要求而製成之後，提交給太后，這只是一個小型的木製模型，但每個細節都非常完整，甚至包含了窗戶的圖案以及天花板和牆面上的雕刻。不過，我從來不知道有什麼事情能完全符合太后的想法，這次也不例外。她從各個角度批評模型，命令擴大這個房間，縮小那個房間，這扇窗戶要移到另一個地方等等，所以模型回去重建。再次拿來給太后看的時候，大家一致認爲這比第一次的改進不少，就連太后也表示非常滿意。

接下來就是爲這座新建築取個名字，經過認眞周詳的考慮後，決定將它命名爲海晏堂。建築工程立即開始，太后對工程的進展非常在意。這座朝殿的裝潢已經確定，除了御座之外全部都是洋氣的，當然御座還保留著滿族樣貌。太后在我們從法國帶來的目錄當中，將不同風格的家具比較一番，最終決定採用路易十五風格，但表面都要塗上皇帝專用的明黃色，搭配以同色調的窗簾和地毯。當太后選好且滿意了之後，我母親請求允許讓她自己支付費用，將這些家具作爲禮物。太后同意了，於是我們向一家著名的巴黎公司下訂單，我們在法國時曾從該公司購買過家具。建築完工時，家具已經到了，很快都安置好了，太后前去視察，當然也得像往常一樣挑毛病。她似乎對實驗的結果一點也不滿意，說畢竟還是中式建築最好，因爲它的外觀會更爲莊重，不過工程已經結束了，現在挑毛病也沒用，已經改不了了。

皇上要我放棄說服太后改革

在夏季的幾個月裡，我有很多空閒時間，我每天花大約一個小時來幫助皇上學習英語，他是一個最聰明的人，記憶力極好，學得很快，然而，他的發音並不好。他在短時間內就能夠閱讀課本中的短篇小說，並且很會聽寫文章。他的字寫得特別漂亮，在臨摹古英文和藝術字方面，更是能手。太后似乎很高興與皇上開始學習英文，並說她自己也想學習，因爲她很確定，如果讓她試試看，她很快就能學會的，但上了兩節課之後，她失去耐性，沒有再提這件事。

當然，這些課程讓我有很多機會與皇上交談，有一次他很唐突地說，我與太后在改革問題上似乎沒有太大的進展，我告訴他，自從我進宮以來，已經完成了很多事情，並以新的朝堂爲例。他似乎不認爲那有什麼好說的，並建議我完全放棄說服太后改革，他說，當時機成熟時——如果眞的有那麼一天——我可能會派得上用場，但他嚴重懷疑那天是否會到來。他還詢問了我父親的情況，我告訴他，除非他的健康能快點好轉，否則我們無論如何都必須離開皇宮一段時間，他回答說，雖然我們要走，他會非常遺憾，但他眞的相信這是最好的。他說，我在國外待了這麼多年，他確信我絕不可能在宮廷生活中安頓下來，就他而言，如果我想走，他是不會阻擋我離開皇宮的。

太后允許我每個月去探望父親兩次，一切似乎都很順利，直到有一天，一位太后的婢女告訴我，太后正試圖再一次爲我安排婚姻。起初我並不在意到這件事，但不久之後，太后告訴我，一切都安排好了，她要我嫁給她看中的某個王爺。我看得出太后是在等我說什麼，我就告訴她，我非常擔心父親，求她不論如何都暫且擱置這件事吧。這讓太后非常生氣，她說她爲我做了這麼多，我卻如此忘恩負義。我沒有回答，當時太后也沒有再說什麼，我試圖不去想這件事，然而，下次回家時，我把這一切都告訴父親，他一如既往地強烈反對這樣的婚姻，他建議我回宮後，把事情的全部告訴總管太監李連英，說明我的立場，因爲如果有人能影響太后，那就是他。因此，我很快地抓住與他交談的機會，起初他似乎很不願意插手此事，並說他認爲我應該按照太后的意願去做，我說我根本不想結婚，但很願意在宮裡繼續從事我現在的工作，他承諾會盡其所能幫我的忙。後來我再也沒有從太后或李連英那裡聽到任何關於我婚姻的進一步消息，因此我得出的結論是，他圓滿地解決了這件事。

夏天過去了，沒有任何重要的事情發生。農曆八月之際，宮裡砍伐竹子，再次召來宮女協助，我們的工作是在砍下來的竹子上雕刻圖案和文字，太后則在旁協助，這些竹子後來被製成了椅子、桌子和其他有用的物品，供太后的茶館使用。在漫長的秋夜裡，太后會教我們中國歷史和詩歌，每隔十天就會給我們考試，以了解我們學到了多少，並根據熟練程度頒發獎品。年輕的太監也參加了這些課程，他們對太后一些問題的回答非常好笑。如果太后心情愉快，她會和我們其他人一起笑他們，但有時她會懲罰他們的無知和愚蠢。然而，他們已經習慣被懲罰，似乎並不在意，下一分鐘就忘記這一切。

太后七十歲萬壽即將到來，皇上提議舉辦規模超乎以往盛大的慶祝活動，但太后以戰亂為由，不同意此一提議，生怕被人議論。因此這個誕辰和以往有一處不同，就是太后除了收禮外，還向朝廷贈送禮物，其中包括授予頭銜、晉升和加薪。在太后所授予的頭銜中，妹妹和我獲得了郡主銜，這些頭銜原本僅授予皇室成員，所以是由慈禧太后特別授予，一般來說，皇室成員以外官員的頭銜總是由皇帝授與。原本的建議是在紫禁城舉行慶祝活動，因為它更適合舉辦如此重要的活動，不過，太后壓根不喜歡這個主意，她下令必待她生日農曆十月初十的三天之前才能回紫禁城。這增加了很多不必要的工作，因為這表示頤和園和紫禁城都需要布置。一切都在匆匆忙忙中完成，更糟的是，在初十的幾天前還下了大雪，只有太后心情非常好，她很喜歡在下雪時外出，並表示希望在山坡上拍幾張自己的照片，於是她吩咐我哥哥帶上相機，給她拍了幾張很好看的照片。

十月初七，太后回紫禁城，慶典就此開始，宮裡布置得很漂亮，庭院用玻璃頂棚覆蓋以擋雪。戲樓每天都如火如荼地演出。眞正的慶生儀式在十日舉行，與之前的儀式沒有任何不同，一切都順利進行，結束後太后又搬回三海。

父親病重

在三海時，我接到消息說父親的病情越來越嚴重，他再次向太后提出辭呈。她派太監去查明究竟是怎麼回事，得知他確實病得很重，便接受了他的辭呈，太后同意他最好還是去上海，看看外國醫生能不能對他有所幫助。她認爲我母親有必要陪他去上海，但並沒有嚴重到要讓我和妹妹也一起去，我試圖解釋說我有責任和他一起去，否則在我下次再見到他之前，他的狀況可能會更糟而發生不測，因而我請求太后允許我去。她提出了各種反對意見，但見我一心要走，最終她說：「好吧，她是你的父親，我想你希望和他在一起，所以你可以走，但你要知道，你得盡快回宮。」我們直到十一月中旬才離開，因爲太后堅持爲我們做衣服，並爲我們的旅程做其他的準備，當然，在太后願意放人之前，我們所能做的只有等待。

一切準備就緒後，太后翻了她的曆書，爲我們選擇了一個適合出發的日期，確定是十三日最佳，因此，我們在十二日離開宮殿回家。我們向太后磕頭告別，感謝她在我們服侍她這段期間，對我們的慈愛寬厚。每個人都哭了，甚至太后也哭了。然後我們去跟皇上和皇后道別，皇上只是簡單地握手，並用英語祝我們「Good luck（好運）」。看到我們離開，每個人都顯得很難過。站著道別許久，太后說再這樣浪費時間也沒用，我們還是上路吧，在門口，總管太監向我們道別。我們上了馬車，驅車前往父親住所，我們自己的太監陪我們到門口。爲旅途準備好一切之後，第二天一早我們就搭火車前往天津，在那裡我們設法趕上本季最後一班前往上海的輪船。我們在大沽口時，由於水太淺而擱淺了。

一到上海，我父親立即去看他的醫生，醫生爲他檢查並開了藥，這次旅行似乎讓他好很多。我很快就開始懷念在宮廷的生活，雖然我在上海有很多朋友，還被邀請參加晚宴和舞會，我似乎仍然無法開心起來。一切彷彿都與北京不同，我一直期待著甚麼時候回到太后身邊。我們到達後大約兩週，太后派人到上海來看看我們過得怎麼樣，他爲我們帶來許多精美的禮物，還爲我父親帶來許多藥。我們很高興見到他，他說宮裡的人都非常想念我們，要我們盡快回去，既然我父親的病開始好轉，他認爲我沒有留在上海的必要，我還是回到北京，繼續在宮中服務爲好，因此，我在新年的時候早早地回來了。此時河水結冰了，我不得不先乘船到秦皇島，再從那兒乘火車到北京。這是一段最悲慘的旅程，我很高興它結束了。太后派我的太監去車站接我，我立即前往皇宮。見到太后，我們倆又高興得哭了，我告訴她，我父親的病情持續好轉，我希望能夠永遠和她在一起。

我恢復了以前的工作，但這一次沒有妹妹作伴，也沒有媽媽和我聊天，一切似乎都變了，然而，太后還是一樣，對我非常友善，儘管如此，我還是覺得不對勁，衷心希望自己能再次回到上海。我待在宮廷裡，每天的生活都和以前差不多，直到農曆二月（一九〇五年三月），我收到了一封電報，要求我回上海，因爲我父親病情惡化，情況危急，他想見我。我把電報給太后看，等待她的決定。她告訴我，我父親年紀很大，不再年輕，他康復的機會不大，所以我可以馬上去見他。我再次與大家道別，期待自己能很快回來，但事實並非如此，我發現父親已經病危，在久病纏身之後，他於一九〇五年十二月十八日去世，我們服喪百日，當然我就不可能回宮了。

在上海時，我結交了許多新朋友，並逐漸意識到，宮廷生活的魅力終究無法消除歐洲對我的影響，我本質上是一個外國人，我是在國外接受教育的，而且，我已經遇到我的丈夫，我們很快就定下來了，我成爲了美國公民。然而，我常常回想起在太后的皇宮裡度過的那兩年，那是我少女時代最充實、最快樂的日子。

雖然我在改革問題上對太后的影響不大，但我仍然希望能活著看到中國覺醒，並成爲世界強國的那一天。

國家圖書館出版品預行編目資料

我在慈禧身邊的兩年：清宮二年記／裕德齡（Der Ling）著
；施佳瑩譯
——初版——臺中市：好讀，2023.05
面；　公分，——人物誌；33）

ISBN 978-986-178-663-6（平裝）

627.81　　　　112006241

好讀出版

人物誌 33

我在慈禧身邊的兩年：清宮二年記

Two Years in the Forbidden City

作　　者／裕德齡（Der Ling）
譯　　者／施佳瑩
總 編 輯／鄧茵茵
文字編輯／莊銘桓
行銷企畫／劉恩綺
發 行 所／好讀出版有限公司
台中市 407 西屯區工業 30 路 1 號
台中市 407 西屯區大有街 13 號（編輯部）
TEL:04-23157795 FAX:04-23144188 http://howdo.morningstar.com.tw
（如對本書編輯或內容有意見，請來電或上網告訴我們）
法律顧問　陳思成律師

讀者服務專線／ TEL：02-23672044 / 04-23595819#212
讀者傳真專線／ FAX：02-23635741 / 04-23595493
讀者專用信箱／ E-mail：service@morningstar.com.tw
網路書店／ http：//www.morningstar.com.tw
郵政劃撥／ 15060393（知己圖書股份有限公司）
印刷／上好印刷股份有限公司
如有破損或裝訂錯誤，請寄回知己圖書更換

線上讀者回函
更多好讀資訊

初版／西元 2023 年 5 月 15 日
定價：330 元

Published by How-Do Publishing Co., Ltd.
2023 Printed in Taiwan
All rights reserved.
ISBN 978-986-178-663-6